Silène Edgar est l'autrice d'une dizaine de livres pour jeunes et adultes, dont *14-14* avec son complice Paul Beorn, *Les Lettres volées* et *42 jours*, des titres publiés aux éditions Castelmore et tous disponibles en version DYS. *14-14* s'est vu décerner dix prix, dont le prix Gulli du roman 2014 et le prix des Incorruptibles 2015-2016, et il est traduit en dix langues.
Silène fait toujours dix choses en même temps, dont des recherches sur *Harry Potter* et des supports pédagogiques pour dix éditeurs. Elle a enseigné le français pendant plus de dix ans et elle vient d'achever une formation d'initiation au scénario à la Fémis.
Si l'omniprésence du dix vous saute aux yeux, c'est sans doute qu'elle va fêter ses 4 x 10 ans, même si elle n'en a que dix dans la tête. Pour l'occasion, Castelmore lui fait de jolis cadeaux : les rééditions d'*Adèle et les Noces de la reine Margot* et de *Moana* en poche !
PS : si vous voulez lui faire plaisir aussi, apportez-lui dix chocolats, elle adore ça !

Un **dossier pédagogique** à destination des enseignants et des prescripteurs est disponible en téléchargement gratuit sur le site Internet **www.castelmore.fr** pour faciliter l'étude de ce roman en classe.

Du même auteur,
aux éditions Castelmore :

14-14, avec Paul Beorn
Adèle et les Noces de la reine Margot
Les Lettres volées
42 jours

Moana
1. *La Saveur des figues*

CE LIVRE EST ÉGALEMENT DISPONIBLE
AU FORMAT NUMÉRIQUE

www.castelmore.fr

Silène Edgar

Adèle & les noces de la Reine Margot

CASTELMORE

Collection dirigée par Bleuenn Jaffres

Loi n° 49-956 du 16 juillet 1949
sur les publications destinées à la jeunesse

Dépôt légal : janvier 2018

ISBN : 978-2-36231-358-5

Castelmore
60-62, rue d'Hauteville – 75010 Paris
E-mail : info@castelmore.fr
Site Internet : www.castelmore.fr

1

L'enfer sur terre

— Bonne nouvelle ! Pour les vacances, je ne vous donne pas de devoirs !

Les élèves des premiers rangs se réjouissent plus ou moins bruyamment tandis que Swanny, au fond, grogne assez fort pour que ses camarades l'entendent, sans cependant se faire attraper : « Encore heureux ! » Tous sont un peu alanguis après les deux premiers mois de cours : les vacances de la Toussaint commencent dans quelques heures, et seul le froid régnant dans ces bâtiments mal isolés les empêche de dormir. Le chauffage est traditionnellement mis en route le 1er novembre, alors qu'ils ont tous commencé à se transformer en glaçons dès le 15 octobre. En plus, dans la salle 13, il n'y a plus de fenêtre : elle est tombée un jour de septembre. Simplement tombée dans la cour, avec un grand fracas, et, depuis, on attend qu'elle soit remplacée par le conseil général, sans savoir quand ce sera fait. Sans doute pendant les vacances ?

C'est comme si une armée d'elfes de maison se précipitaient pour tout réparer, nettoyer, rafistoler pendant l'absence des élèves.

Un instant, Adèle imagine le prof de français vêtu d'un bleu de travail, avec un marteau à la main, et elle sourit. Il se méprend sur ce sourire et lui tend un énorme livre comme si c'était un cadeau.

Il est en train de les distribuer à toute la classe. Des pavés dignes de la bibliothèque de son père, de ceux dont il dit toujours : « Un jour, tu liras ce chef-d'œuvre ! » S'il s'intéressait un tant soit peu à elle, il saurait qu'elle n'aime pas lire toute seule. Ce qu'elle aime, c'est qu'on lui lise des histoires. Mais, depuis que sa mamie est morte, plus personne ne se donne cette peine.

— Voilà ! Chacun a un roman ? Observez la couverture. Qu'y voyez-vous ?

— Le titre, le nom de l'auteur et l'éditeur, récite Joshua, le surdoué de la classe.

Adèle ne l'aime pas.

— Oui, en effet. C'est une œuvre d'Alexandre Dumas, un grand auteur français du XIXe siècle. C'est lui qui a écrit *Les Trois Mousquetaires* et *Le Vicomte de Bragelonne*, ça vous dit quelque chose ?

— C'est le film avec Leonardo DiCaprio, c'est ça ? demande Suzanne, une fille qu'Adèle n'apprécie pas trop non plus.

À part Anila et Guillaume, elle ne se sent pas très à l'aise avec ses camarades de classe.

— Oui, c'est une adaptation du *Vicomte de Bragelonne*. Donc ce roman, *La Reine Margot*, a été publié en 1845, mais il raconte des événements qui sont arrivés en 1572.

— Cool, un vieux bouquin sur le Moyen Âge, râle Swanny assez fort pour que le prof l'entende, cette fois.

— 1572, c'est la Renaissance, et, en France, c'est l'époque où se sont affrontés les catholiques et les protestants. Dans le livre, Dumas appelle ces derniers des « huguenots ».

— Qu'est-ce que c'est, monsieur ? demande Anila, curieuse.

— Des Français qui avaient adopté depuis quelques décennies une variante de la religion catholique, définie par un homme appelé Luther.

Les adeptes de ces deux religions se sont affrontés dans des guerres pendant toute la seconde moitié du XVIe siècle. Le livre relate le pire moment de cette période de conflits, la Saint-Barthélemy. Ce sera votre lecture de vacances !

— Mais, m'sieur, s'écrie Swanny, vous aviez dit qu'y aurait pas de devoirs ?

— Ce ne sont pas des « devoirs », c'est de la lecture !

— Vous vous foutez de notre gueule ? s'exclame Swanny.

Là, le prof manque de s'étrangler, personne n'ose rien dire, attendant la suite avec un mélange d'excitation et d'appréhension. Comment leur enseignant va-t-il réagir à cette provocation ? Cela va-t-il leur retomber dessus ? Un délégué est envoyé chercher le principal qui arrive, vraisemblablement de mauvaise humeur. Après l'expulsion *manu militari* du rebelle de service, le cours s'achève par dix bonnes minutes de morale, dont Adèle se serait bien passée. Elle observe son livre en attendant que ça se passe et elle s'aperçoit avec horreur qu'il comporte quatre cent cinquante-trois pages. *L'enfer sur terre !*

—Adèle, tu peux attendre un peu, s'il te plaît ? demande le prof, dont le visage a retrouvé une couleur normale pendant l'intervention du principal.

Oh non !

—Je t'avais demandé de refaire le travail que tu n'as pas réussi, la dernière fois.

« Pas réussi », comme dit le prof, c'est un « aphorisme ». Ou un « euphémisme » ? Bref, « dire peu pour dire beaucoup », parce qu'avec le 4 sur 20 qu'elle a récolté il aurait pu lui reprocher de l'avoir complètement raté.

—J'ai pas pensé, m'sieur.

—Hum ! J'ai l'impression que tu n'as pas trop envie de penser aux cours. Tu démarres mal l'année. Tu peux m'expliquer ce qui se passe ?

La liste est longue. Il lui faut tous les doigts de la main. Un, sa grand-mère est morte. Deux, sa mère l'empêche de respirer. Trois, son père ne s'intéresse pas à elle. Quatre, elle n'a pas de petit copain, et cinq, ses deux meilleurs amis ne se parlent plus depuis deux mois. Elle préfère ne rien dire. Ça ne le regarde pas.

— Je sais pas.

— Eh bien, il va falloir te ressaisir pendant les vacances, parce que sinon je vais devoir convoquer tes parents. Tu ne peux pas prendre la quatrième à la légère, c'est une année importante. Je te conseille d'aller voir Mme Gosselin pour lui demander conseil. Elle tient des permanences au centre d'information et d'orientation pendant les vacances. Tu iras ?

— Je sais pas.

— Tu ne vas pas me répondre ça chaque fois, si ?

— C'est où, le CIO ?

— Près de la médiathèque, à côté du marché. Tu vois ?

— Oui. J'essaierai.

Le prof fait la moue comme s'il ne la croyait pas, pourtant Adèle est sincère. Ce serait un bon moyen d'obtenir la permission d'aller en ville, elle pourrait en profiter pour faire les boutiques. Et Mme Gosselin est gentille. Elle l'a déjà vue en cinquième, elle était venue dans leur classe pour faire un jeu. Et son fils est au collège : Adrien, c'est un mec sympa.

Comme le prof se désintéresse d'elle pour commencer à ranger ses affaires, Adèle s'enfuit, soulagée de s'en tirer à si bon compte mais un peu dépitée d'avoir perdu cinq minutes de récré.

2

Le pavé

— Quatre cent cinquante-trois pages ! Il y a quatre cent cinquante-trois pages dans ce livre énorme ! râle Adèle en secouant sans ménagement son exemplaire de *La Reine Margot.*

— Ouais, il est fou, ton prof ! acquiesce Maëva, tout en observant un groupe de troisième qui sort du collège Anita Conti de Saint-Nazaire, où elles sont toutes les quatre en quatrième, Bleue pour Juliette et Maëva, Jaune pour Anila et Adèle. Tu crois que ça le fait marrer de bousiller vos vacances ?

— C'est un pervers, y a qu'à voir comme il regarde dans ton décolleté quand il t'interroge ! renchérit Adèle. Tu imagines ? Lire ce truc en quinze jours ?

— Tu n'as qu'à diviser, ce n'est pas si énorme, intervient Anila.

— Ça fait quand même... trente pages par jour! Et encore tu l'as pas ouvert ce pavé, c'est de l'ancien français!

— Adèle, c'est un texte qui date du XIXe siècle, pas du Moyen Âge! Tu dramatises tout, tempère Anila.

— Forcément, pour toi, c'est facile, tu te la pètes avec ton 18 en lecture!

— Oh, ça va! Moi, au moins, je sais lire.

— Ben, tu n'as qu'à me faire un « résumé pour les nulles », puisque tu es si douée! siffle Adèle, vexée.

— Oh, vous me soûlez avec vos disputes à propos de ce vieux bouquin! Regardez plutôt qui passe, s'exclame Juliette. Le gros crétin...

Adèle jette un œil sur le côté et voit Guillaume sortir du collège, seul, comme d'habitude. Un peu rondouillard, avec son jean trop large, remonté trop haut sur la taille, et son tee-shirt de geek, il a l'air pitoyable. Elle ne dit rien, n'osant pas contredire sa meilleure amie, espérant malgré tout que le garçon n'a pas entendu sa réflexion. Elle ne sait pas pourquoi Juliette s'acharne sur lui depuis quelques mois : en sixième, ils étaient tous les trois dans la même classe, comme chaque année depuis la petite section. Les trois affreux, les trois petits anges, ça dépendait des moments, de leur humeur, de leur âge. Et puis, à la rentrée de cinquième, ils ont été séparés, sans raison, Juliette dans une classe, Guillaume et Adèle dans une autre, alors qu'ils avaient choisi les mêmes options, et Juliette est devenue infecte avec Guillaume. Elle s'est mise à se moquer de son poids, de ses vêtements, refusant de lui parler et incitant Adèle à l'éviter, elle aussi. Du coup, depuis quelques semaines, leur amitié est devenue pratiquement clandestine. Ils ne se rencontrent qu'en cours ou hors du collège, chez l'un ou chez l'autre, et, surtout, sans Juliette. Pendant les récréations, Adèle ne le voit plus, elle suppose qu'il va au CDI, avec Joshua et les autres intellos.

Juliette et elle en ont parlé une seule fois, trois mois plus tôt, quand Juliette est venue dormir à la maison :

— Pourquoi tu es fâchée avec Guillaume depuis l'an dernier ?

— Ça fait longtemps qu'il me soûle, lui a-t-elle expliqué.

— Mais on rigolait bien tous les trois jusque-là !

— J'étais gentille avec lui uniquement pour te faire plaisir, a rétorqué Juliette.

— Mais vous vous entendiez bien quand même, non ?

— Non, il est devenu super lourd depuis la sixième…, dans tous les sens du terme ! Il pense qu'à bosser, pire qu'Anila ; il se fringue mal et il a toujours une tête de chien battu… Je ne vois pas pourquoi il te plaît autant !

— Mais il ne me plaît pas, pas du tout !

— Ah bon ? Ça me rassure…, parce que, bon, c'est vraiment un bolosse ! Si on te voit avec lui, c'est la lose. T'es pas d'accord ?

— Si, si, il est… il est nul.

⚜
⚜ ⚜

Ce jour-là, Guillaume passe devant elles sans les regarder. Il a entendu Juliette et veut éviter que les filles ne le voient devenir tout rouge. Il ne peut pas s'empêcher de jeter un coup d'œil à Adèle au passage, mais elle l'ignore, prenant modèle sur les autres. Cela lui mord le cœur même s'il sait qu'elle reviendra vers lui plus tard, lorsque ses copines ne seront plus là. Guillaume soupire et serre ses bretelles de cartable. Il a l'habitude des moqueries, il ne va pas se laisser abattre pour si peu. Quant à Adèle… Ils sont dans la même classe, ils habitent la même rue, ils se connaissent depuis le bac à sable. Ce n'est pas cette idiote de Juliette qui va se mettre entre eux, si ?

3

Tête-à-tête avec *La Reine Margot*

Alors qu'Adèle arrive à la maison, elle hésite devant la porte. Elle espère que sa mère sera rentrée, ou peut-être son père même, ce qui serait encore plus étonnant. Elle sait qu'il est surchargé de travail, elle l'a entendu dire hier que les patients affluent au cabinet à cause d'une épidémie de grippe. Il en a profité pour lui refiler un médoc censé la protéger des infections hivernales, alors qu'il l'a déjà vaccinée la semaine dernière. Déformation professionnelle ou angoisse paternelle, son père a tendance à la surprotéger à coups de piqûres, de pilules et autres médicaments. Au lieu de ça, elle aimerait qu'il envoie tout valdinguer pour passer un après-midi avec elle, au moins une fois de temps en temps.

Sur la table a été déposé un énième mot, écrit par sa mère :

Chérie, j'arriverai vers 22 heures, je dois boucler les comptes avant la fin du mois.
Je t'ai laissé de l'argent dans le porte-monnaie pour acheter à manger.
P.-S. : Tante Coraline vient déjeuner samedi.

La « fin du mois » ? Les vacances débutent tout juste, et les cours reprennent le 3 novembre ! Entre les lignes, Adèle comprend que sa mère va travailler pendant tous les congés, laissant sa fille passer quinze jours en tête à tête avec *La Reine Margot*, vu que son père est lui aussi débordé. De rage, elle déchire le billet. Elle se prépare un goûter composé de brioche industrielle et de confiture de lait du supermarché, avant d'aller s'abîmer devant un épisode de série, bien décidée à passer une bonne soirée malgré ses contrariétés.

Adèle est la troisième, la dernière, celle que sa mère a faite sur le tard après deux garçons très remuants. Alors qu'elle était promise à une belle carrière, celle-ci s'est retrouvée mère au foyer pendant dix ans. Quand Adèle est entrée au CP, Catherine a déclaré qu'elle ne comptait pas continuer à « sacrifier sa vie professionnelle » comme elle l'avait fait pour les deux autres. Lorsqu'elle a trouvé un poste de responsable dans une agence immobilière, Adèle avait six ans, Nicolas quinze et Jules dix-sept. Très vite, Catherine a eu des responsabilités, du travail par-dessus la tête, et la garderie appelait régulièrement pour la prévenir qu'il était 18 h 30 et qu'il fallait venir chercher Adèle avant la fermeture ; les grands frères ne voulaient pas s'en occuper, le père était encore plus débordé qu'elle, et les baby-sitters se révélaient toutes plus nulles les unes que les autres.

— Il faut encore que je trouve une nouvelle baby-sitter, se plaignait-elle régulièrement.

— Mais tu fais un trafic de blanches ou quoi ? demanda un jour son mari. On en a changé il y a trois semaines !

— Oui, eh bien, la nouvelle est pire.

— Pire que celle qui sirotait nos bouteilles pendant qu'Adèle jouait dans le jardin ?

— Celle-ci fume de l'herbe !

— Comment le sais-tu ?

— Ça se sent ! Elle pue le joint froid et elle a des yeux en tête d'épingle quand je rentre. Je n'en peux plus.

— Tu n'as qu'à appeler ta mère, elle sera ravie de venir nous aider…

— Et de se mêler de nos vies, oui !

— Comme tu veux…, a-t-il conclu en haussant les épaules.

En désespoir de cause, Catherine a fini par appeler sa mère à la rescousse. Celle-ci a débarqué, heureuse d'être utile et d'échapper à la solitude de sa grande maison toute vide, avec ses tricots, ses recettes de gâteaux moelleux et tout son temps pour s'occuper d'Adèle. Cela a duré cinq ans, cinq grandes années de bonheur pour Adèle, jusqu'à la mort de mamie, six mois plus tôt. Deux mois après, Nicolas claquait la porte pour aller vivre à La Réunion, le plus loin possible de son père, avec qui il n'arrêtait pas de se disputer. Jules, lui, finit sa deuxième année de médecine à Nantes, et il est bien content de ne plus vivre dans cette famille grise et terne.

Depuis qu'elle est toute seule avec eux, le lien entre Adèle et ses parents devient de plus en plus fragile : une tige de verre qu'on pourrait casser d'un geste, d'une parole. Elle a l'impression d'être un poids pour eux. Elle se demande parfois s'ils n'ont pas envie de la voir débarrasser le plancher familial à son tour. Elle envisage de choisir une formation rarissime, genre chinois ou arts appliqués, pour partir en internat dans deux ans, quand elle entrera au lycée.

En attendant, elle passe son adolescence en fille unique, ce qui lui procure certaines libertés que n'ont pas ses copines : son amie Anila est d'origine pakistanaise, son père n'aime pas trop qu'elle sorte, il a peur pour elle à cause des gens racistes. La mère de Juliette, elle aussi, essaie de surveiller sa fille, mais ça n'empêche pas celle-ci de faire le mur dès que l'occasion se présente.

Pour Adèle, « la plus cool de toutes », c'est la mère de Maëva. La jeune fille fait absolument tout ce qu'elle veut : sorties, vêtements, et même alcool et cigarettes ! Elle a le droit de porter du vernis, de mettre du rouge à lèvres et du mascara, même au collège. Une fois, en cinquième, la conseillère principale d'éducation a convoqué sa mère parce que Maëva avait les lèvres peintes en noir et du bleu électrique sur les paupières, raccord avec sa mèche de cheveux. Celle-ci avait débarqué à la récré et s'était mise à crier après la CPE devant tout le monde. Adèle n'avait jamais entendu un parent d'élève se montrer aussi grossier, encore moins devant quelqu'un du collège ; elle avait même noté deux ou trois gros mots à ressortir un jour ou l'autre. Des trucs avec des prostituées d'autres pays en particulier… L'anecdote plus drôle, c'est la fois où Maëva est rentrée soûle pour la première fois chez elle : eh bien, sa mère était dans le même état qu'elle, étalée sur le canapé de leur salon avec une bassine à côté au cas où !

La mère de Maëva n'a qu'un mot à la bouche : « Carpe diem », et elle ne croit pas du tout en l'école. « De toute façon, ce n'est pas Molière qui te donnera du pain, affirme-t-elle. Moi, j'ai tout appris sur le tas, je ne me rappelle pas tous ces trucs inutiles, la bataille de Marie Gnangnan ou le thé au rhum de Pythagore, quelle barbe ! »

Pour ne pas déplaire à sa mère, Maëva a deux ans de retard. Elle attend d'avoir seize ans, dans deux mois, pour tout arrêter et l'aider au salon de coiffure. Elle passera son CAP et hop, fini l'école, bon débarras ! Avec Juliette, elles font n'importe quoi en cours, se moquant des profs, refusant de rendre leurs devoirs et collectionnant les rendez-vous avec le principal qui s'arrache les quelques cheveux qui lui reste. C'est à cause de cela que la mère d'Adèle, qui en a entendu parler par la voisine, qui l'a su par la boulangère, qui a répété ce qu'avait dit la mère de je-ne-sais-plus-qui, a décrété à sa fille la veille :

— Je t'interdis de revoir ces graines de délinquantes. Pas question que tes copines mettent les pieds ici pendant les vacances. Vois donc Anila, elle est bien plus fréquentable !

— Mais enfin, maman, tu ne peux pas dire ça de Juliette, quand même !

— Ce n'est pas une discussion, c'est un ordre. Ta copine a mal tourné, voilà tout, a répondu sa mère.

— Depuis que son père est au chômage, tout part à vau-l'eau dans cette famille, a ajouté son père.

— Depuis que sa mère a eu ce cancer, surtout ! a dit sa mère. Cette pauvre femme, elle ne tient plus sa fille.

— Le monde est pourri ! Et mes parents sont des gros nuls !

Adèle s'est énervée ce matin dans la cour de récréation après avoir remâché les paroles de sa mère et de son père toute la nuit.

— C'est pas la peine de t'exciter maintenant, a rétorqué Juliette. C'est avec eux que tu dois gueuler.

Mais Adèle a du mal à affronter ses parents : quand elle crie, ils l'envoient dans sa chambre sans même lui répondre et, le lendemain, ils font semblant d'ignorer le problème. Elle a trop vu son frère Nicolas tempêter en vain pour chercher elle-même le conflit : à la fin, ce sont toujours les enfants qui sont perdants.

— Regarde la misère dans le monde et tout le fric qui va aux plus riches ! reprend Adèle. Moi, je veux partir loin de ce pays de nazes. Je voudrais faire comme mon frère Nicolas, me barrer à La Réunion et vivre sans avoir besoin de personne…

— En autarcie, dit Anila.

— En otarie ? Mais non, tu ne comprends rien !

Pendant ces vacances, Adèle en a décidé ainsi, elle va passer tous ses après-midi avec Juliette. Même si sa mère ne veut pas qu'elle voie sa copine. De toute façon, Catherine travaille tout le temps. Maëva part chez son père en banlieue parisienne, et Anila n'a pas le droit de sortir plus d'une ou deux fois pendant les quinze jours de vacances. Alors, toutes les deux, elles vont pouvoir vraiment se retrouver, rigoler comme l'an passé, aller essayer tous les vêtements de la galerie marchande et manger des pizzas devant des séries télé.

Et *La Reine Margot* ? Bah, Adèle la met sur l'étagère au-dessus du bureau. *Si elle n'est pas contente, elle appellera !*

Elle préfère appeler Juliette !

4

Un secret au goût délicieux

Après une heure de discussion sur les chances qu'a Maëva de sortir avec Antoine de troisième Bleue, Adèle s'arrache à son ordinateur à regret pour se diriger vers le frigo. Elle s'aperçoit qu'il ne contient que des yaourts à 0 %, des graines germées et autres joyeusetés diététiques. Elle fait les placards mollement, sans espoir de trouver un truc qui lui fasse envie, étant donné qu'elle se rappelle avoir mangé hier la dernière boîte de raviolis.

En effet, à part un bocal d'anchois, des cœurs d'artichauts et un truc qui ressemble à des câpres, il n'y a plus rien. Elle pioche dans le porte-monnaie que sa mère a laissé à son intention sur la table de la cuisine et se résout à aller au supermarché.

Après avoir erré de rayon en rayon sans parvenir à se décider, elle finit par ressortir avec une boîte de cannellonis ; elle se dit en la payant qu'elle n'en a pas vraiment envie. Trop tard. Elle les noiera dans du fromage râpé. À la sortie, elle s'aperçoit que Guillaume l'attend, appuyé contre une barrière. Elle s'apprête à faire la moue, jette un coup d'œil alentour, mais il n'y a aucun témoin à l'horizon. Alors, soulagée, elle lui adresse un sourire sincère et chaleureux.

Guillaume et Adèle s'adorent, ils sont copains depuis la crèche. Le premier jour de petite section, alors qu'ils pleuraient tous les deux à chaudes larmes après le départ de leurs parents, ils se sont retrouvés assis côte à côte sur le banc de la classe. Une heure plus tard, Guillaume préparait un gâteau de bananes et de boue pour Adèle, et elle s'occupait de leur poupon en plastique, prénommé Pippo. Le soir, Adèle annonçait fièrement à sa famille qu'elle avait un copain, qu'un jour ils se marieraient et auraient cinq enfants et un chien. Depuis, ils n'ont jamais cessé d'être amis.

Il la trouve charmante quand elle n'essaie pas d'être quelqu'un d'autre. Mais ça, il ne sait pas comment le lui expliquer… Alors, sans rien dire, il la regarde s'évertuer à imiter les copines avec ses jeans slims et ses pulls flashy, attendant qu'elle laisse ces futilités de côté. Quand ils se voient, ils passent des heures à discuter de leurs rêves, de voyages. Il l'a écoutée quand elle a cru tomber amoureuse d'un garçon plus grand, un troisième, et, quand elle s'est aperçue avec amertume qu'il avait déjà une copine et qu'elle s'était fait des plans sur la comète, il l'a consolée. C'est toujours vers lui qu'elle revient quand elle est triste. Ces moments-là n'appartiennent qu'à lui, un secret au goût délicieux.

Sans un mot, ils prennent par la rue Étienne-Jodelle pour rentrer et passent devant leur ancienne école. Les bâtiments colorés et la cour de récréation rappellent plein de souvenirs à Adèle ; en revoyant le toboggan, elle s'en veut soudain d'être aussi vache avec Guillaume.

— Désolée pour tout à l'heure…

— T'en fais pas, je sais bien que je passe pour un gros nul…

— Elles ne te connaissent pas, c'est juste parce que tu joues du flûtiau…

— De la flûte à bec, Adèle, arrête de te fiche de moi !

—OK, du calme !

—Mouais. Et, à part fréquenter ces pétasses, tu as fait quoi de ta journée ?

—Guillaume ! Ne les appelle pas comme ça, Juliette était ton amie aussi avant !

—Elle l'a oublié, on dirait…

Le jeune homme semble soudain absorbé par la contemplation du bitume. Adèle se dandine, elle ne sait plus quoi dire. Ils tournent dans la rue Pierre-de-Ronsard avant d'arriver devant chez elle. La maison est grande avec ses deux étages et dispose d'un jardinet devant, ainsi que d'un autre jardin, plus grand, derrière. Tout a l'air propre, la maison est rénovée avec goût, le parterre de fleurs est impeccable : la mère d'Adèle a la main verte et elle sait associer les couleurs harmonieusement. C'est son seul passe-temps, et elle essaie régulièrement de persuader sa fille de l'intérêt de son passe-temps, comme si connaître les noms des roses avait quelque chose de passionnant pour une jeune fille de treize ans.

Adèle pose la main sur la poignée du portail et se retourne subitement, surprenant Guillaume qui s'apprêtait à descendre la rue vers chez lui.

— Tu veux venir partager mon dîner ? Je suis toute seule…

— Avec plaisir, gente dame, répond son ami, soulagé d'éviter le sujet « Juliette ». Mon père est de nuit aux Chantiers.

⚜
⚜ ⚜

Le père de Guillaume l'élève seul, il a perdu sa femme un an auparavant d'un cancer qui l'a emportée si soudainement qu'ils ont encore du mal à comprendre tous les deux ce qui a pu les précipiter ainsi dans le malheur. Il fait les trois-huit aux Chantiers navals, comme tellement d'ouvriers de la ville, et ses horaires changent toutes les semaines. Peu présent quand son fils était plus petit, il essaie de compenser l'absence de sa femme sans grand succès, et Guillaume se sent aussi seul qu'Adèle. Sauf que, lui, il n'a pas ses conditions de vie aisée : il lui faut entretenir la maison, faire la cuisine et surtout travailler dur à l'école ; il sait bien qu'il doit réussir parfaitement. Et, même s'il obtient de bons résultats, rien ne dit que son père ne l'enverra pas vers une filière technologique pour être sûr qu'il trouve un travail à la sortie. Lui rêve d'archéologie dans des pays lointains. Et, pour ça, il lui faudra se montrer très persuasif pour intégrer une filière générale et obtenir l'autorisation de partir étudier à Nantes après le bac.

Guillaume aimerait par-dessus tout quitter cette ville triste, cet horizon gris éclairé par les néons du port de Saint-Nazaire. Il voit passer tous ces bateaux, au loin, au-delà de l'embouchure de l'estuaire, et il se dit qu'il réussira bien à en prendre un, un jour. Partir loin et oublier que sa mère n'est plus là.

⚜

⚜ ⚜

— Tu me passes le Coca ?

— Tu sais ce que ça fait si tu bois trop de Coca-cola aux glaçons ?

— Oui... du caca collé au caleçon... Elle est nulle cette blague, tu me l'as faite mille fois, Adèle. C'est pitoyable !

— Nul toi-même ! rétorque-t-elle en riant.

Ils sont installés devant la télé. Adèle est vautrée sans grâce sur le canapé en cuir, et Guillaume se tient un peu raide sur le fauteuil à côté d'elle. Il n'est jamais vraiment à l'aise ici, bien qu'il ait toujours été le bienvenu. L'argent, qui coule à flots dans cette famille, est affiché sur les murs. Les meubles proviennent des meilleures boutiques de La Baule ou de Guérande ; les tableaux qui décorent les lieux sont hors de prix, achetés aux artistes à la mode sur la côte ; et la vaisselle elle-même ne serait utilisée chez la plupart des gens que pour les grandes occasions. La mère d'Adèle en a tellement plein les placards qu'elle pourrait servir cinquante personnes en même temps si l'envie lui en prenait.

Pourtant ses parents n'invitent plus grand-monde, cela fait une éternité qu'il n'y a plus eu de fête ici. Quand Adèle leur demande pourquoi ils n'organisent plus de dîners, ils répondent qu'ils préfèrent aller au restaurant. En fait, elle a l'impression que c'est surtout une façon de se passer d'elle, vu qu'ils ne l'emmènent presque jamais quand ils sortent. Rien que cette semaine, ils sont sortis trois fois.

— Je ne peux pas venir avec vous ? Juste une fois ?

— Tu t'ennuierais, ma chérie, argumente son père.

— Et puis tu as école demain, non ? ajoute sa mère. Vu la réaction de tes professeurs à la dernière réunion, tu as du travail à faire si tu ne veux pas être punie après le conseil de classe.

Sa mère est représentante de l'association des parents d'élèves pour sa classe, alors elle assiste aux conseils... Adèle préférerait qu'elle passe ce temps qu'elle consacre à l'école en sa compagnie. Mais tout ce qu'elle y gagne, c'est de devoir filer droit.

Quand le dernier épisode de leur série s'achève, ils discutent un peu des péripéties du soir, ils se demandent si le héros va retrouver le meurtrier ou non, s'il va réussir à tuer son ennemi. Adèle adore cette série, elle explique à Guillaume qu'elle aimerait aller aux États-Unis pour visiter les studios de tournage. Lui pense que ces histoires de super flics ne sont pas très crédibles, mais il ne le dit pas, il passe déjà pour un bolosse, il ne veut pas en rajouter.

Ils se disent au revoir sur le pas de la porte. Guillaume aimerait bien l'embrasser, mais elle lui parle toujours comme à un ami, jamais comme à un amoureux.

— Tu veux revenir demain soir ? Je commanderai une pizza. Deux même, comme ça tu choisiras celle que tu préfères !

— Non merci, décline Guillaume avec un regret sincère. Mon père sera à la maison demain soir.

— Ah !

— Ta mère ne sera pas là ? demande-t-il, désolé de la décevoir.

— Je ne sais pas.

— Je t'inviterais bien, mais tu sais… mon père.

— Oui, c'est bon. Ne t'embête pas, je vais me débrouiller.

Le père de Guillaume n'aime pas que son fils ramène du monde à la maison, et encore moins Adèle. Il considère que son garçon ne doit penser qu'à étudier, à se constituer un bon livret scolaire, et il a peur que cette fille « gâtée pourrie » ne l'en détourne. Quand ils allaient à l'école primaire, ce n'était pas un problème : sa femme était là, elle adorait recevoir la petite, elle qui aurait tant aimé avoir un deuxième enfant ! Elle s'occupait d'Adèle comme si c'était sa propre fille et elle l'invitait tous les mercredis après-midi. Elle travaillait à temps partiel à la supérette du coin et veillait à être toujours libre ce jour-là, pour passer le plus de temps possible avec son fils. La jeune fille se rappelle qu'elle leur préparait des sablés à l'orange ou des cookies au chocolat et de la vraie citronnade.

Quand Adèle passait la porte, accompagnée de sa mère avec son air toujours un peu pincé, regardant leur décoration avec dédain, elle portait des vêtements chics. Un seul de ses manteaux coûtait autant que toute la garde-robe de leur fils. Alors la maman de Guillaume attendait que la porte se referme, elle changeait la petite pour lui mettre une salopette et des bottes, et ils pouvaient aller se rouler dans la boue et faire des gâteaux de terre. Après le goûter, on remettait la petite robe de demoiselle et les collants fins, qui allaient si bien avec les souliers vernis.

Une fois, la mère d'Adèle était revenue plus tôt : son rendez-vous chez le coiffeur ayant été annulé, elle voulait en profiter pour emmener sa fille faire les boutiques. Quand elle avait trouvé les petits en train de se courir après, sales et suants, ça avait été le drame.

— Mais comment osez-vous ? Je vous confie ma fille, et vous lui mettez ces… frusques ! avait-elle craché avec dégoût.

La maman de Guillaume ne s'était pas démontée, elle avait expliqué posément qu'elle voulait éviter d'abîmer la belle jupe que portait Adèle ce jour-là, et Catherine s'était finalement excusée de sa colère. Après coup, elle avait même tant culpabilisé de s'être montré malpolie que, la fois suivante, elle avait apporté les colis de vieux vêtements de Nicolas et de Jules, pensant faire plaisir. En fait, elle avait plongé toute la famille de Guillaume dans l'embarras : ils avaient eu l'impression qu'elle leur faisait l'aumône. Son père avait été effroyablement vexé, et, depuis, Adèle ne s'était plus jamais sentie à son aise avec lui. Il la regardait toujours comme si elle était sa propre mère en miniature, une sorte d'échantillon.

Quand Guillaume avait perdu sa maman, la porte de leur appartement s'était refermée sur son père et lui, et ils restaient tous les deux seuls, n'invitant plus jamais personne.

5

Mamie

Après avoir raccompagné son ami à la porte, Adèle retourne s'étaler sur le canapé, zappe un peu et finit par éteindre la télé pour aller se coucher avec son bouquin : elle va essayer de suivre le conseil d'Anila en lisant quelques pages chaque jour. Elle se débarrasse de ses vêtements, qu'elle laisse en tas par terre, et va dans sa salle de bains pour un brin de toilette.

Elle se regarde dans la glace, tripote un de ses boutons, se brosse les dents et observe un peu sa poitrine de profil. Il n'y a rien à faire : elle est plate comme une limande. Ça l'énerve, elle aimerait bien avoir de beaux seins comme Juliette. Sa propre mère a une grosse poitrine. Pourquoi l'hérédité ne joue-t-elle jamais dans le bon sens ? Elle a hérité des grosses fesses mais pas des gros seins, c'est nul.

Elle met une chemise de nuit de petite fille, une de celles que son père lui a ramenées en cadeau après un de ses congrès de médecin, en se référant seulement à la taille sur l'étiquette, sans se rendre compte que sa fille ne portait plus de vêtements Petit Bateau depuis au moins cinq ans. Cependant, elle est confortable, et Adèle aimerait attirer l'attention du médecin surbooké en lui montrant qu'elle apprécie ses présents. Elle s'installe sous sa grosse couette toute moelleuse, bien calée dans ses oreillers, attrape *La Reine Margot* et commence sa lecture.

> « Le lundi, dix-huitième jour du mois d'août 1572, il y avait grande fête au Louvre.
>
> Les fenêtres de la vieille demeure royale, ordinairement si sombres, étaient ardemment éclairées ; les places et les rues attenantes, habituellement si solitaires dès que neuf heures sonnaient à Saint-Germain-l'Auxerrois, étaient, quoiqu'il fût minuit, encombrées de populaire.

Tout ce concours menaçant, pressé, bruyant, ressemblait, dans l'obscurité, à une mer sombre et houleuse dont chaque flot faisait une vague grondante [...]. »

Oh là là, quelle barbe! se dit la jeune fille.

À peine dix lignes, et il lui faut déjà un dictionnaire. Elle l'attrape, cherche rapidement le sens de « concours » – c'est juste un synonyme de « foule » – et elle reprend le livre en soupirant. Elle laisse son esprit vagabonder dès la page 3 et elle doit relire le même paragraphe deux fois pour y comprendre quelque chose. Elle maudit M. Gérard, le prof frappadingue qui lui a imposé ce pavé, quand elle entend la porte s'ouvrir en bas. Il est 23 heures, elle devrait déjà dormir depuis une heure, alors elle éteint vite la lumière après avoir remis le livre à sa place sur l'étagère.

Sa mère ouvre doucement la porte de sa chambre cinq minutes plus tard, s'approche pour l'embrasser sur le front, mais Adèle se retourne, faisant semblant de bouger dans son sommeil, afin de se mettre hors d'atteinte. Catherine attrape les vêtements qui traînent et ressort sur la pointe des pieds.

— Elle dort ? demande son père devant la porte.

— Oui, ne fais pas de bruit.

— Elle a encore mangé des cochonneries toutes préparées. J'ai trouvé une boîte de conserve vide dans la poubelle.

— Les placards seraient pleins de bonnes choses, elle pourrait peut-être faire de meilleurs choix, rétorque sa mère. Tu n'as qu'à faire les courses…

— Je n'ai pas le temps. Je n'ai qu'un samedi sur deux, je ne vais quand même pas aller courir dans un supermarché ce jour-là ? Tu ne peux pas lui préparer des repas en avance ?

— Je verrai ce week-end.

Adèle soupire dans son lit. Son père voudrait qu'elle mange de bons petits plats, cependant il ne cuisine jamais rien. Sa mère va encore lui préparer des portions de légumes dégoûtants mais « tellement pleines de vitamines ». Adèle pense que sa mère a un peu honte d'elle parce qu'elle n'est pas aussi svelte. Et elle déteste faire du sport malgré les fréquentes sollicitations de ses parents. Ses frères sont de grands sportifs, minces et musclés, et personne ne comprend qu'elle ne veuille plus aller à la danse alors qu'elle était « si mignonne, petite, avec son tutu rose ». Elle, elle trouve que c'est tout juste bon pour les petites filles et elle a arrêté l'an dernier. De toute façon, elle avait trop les pieds en dedans pour faire les pointes, d'après la prof. Elle voudrait bien s'inscrire à la danse africaine, mais il n'y a personne pour l'amener dans la salle de la cité, où les cours sont donnés. C'est dans la zone de Méan, un quartier que sa mère ne trouve pas assez sûr pour qu'une jeune fille s'y rende toute seule. Le collège y a particulièrement mauvaise réputation. Comme elle n'a pas le droit de s'aventurer sans chaperon par là-bas, elle a dû faire une croix sur cette activité et, de dépit, elle a refusé tous les autres sports qu'ils lui proposaient.

⚜
⚜ ⚜

Au fond, elle a de la peine, parce qu'avant c'était sa grand-mère qui l'amenait à la danse ; elle adorait la voir évoluer à la barre. Elle prenait son tricot, elle se mettait dans un coin de la salle et elle la regardait, encore et encore. Adèle était si fière ! Jusqu'à ce stupide arrêt cardiaque, sa grand-mère l'accompagnait partout, elle lui préparait du poulet doré, des ragoûts délicieux, des frites maison et des gratins dauphinois. Elle mettait Guillaume à l'aise quand il arrivait chez eux et s'entendait très bien avec la mère de celui-ci, réussissant même à faire sourire son père quand ils se croisaient. Elle lisait à Adèle les livres de l'école, même les plus gros, transformant les corvées en bonheurs. Adèle posait la tête sur ses genoux, écoutant les aventures d'Ulysse, du Petit Prince ou de Leuk-le-lièvre. Elle enfouissait la tête dans sa jupe quand elle avait peur, et sa mamie lui caressait les cheveux pour la rassurer. Elle était sa *granny*, sa vieille mamie, sa grand-mère chérie.

Ressassant ses vieux souvenirs, Adèle finit par s'endormir. Pelotonnée sous sa couette, elle a sur le visage cet air d'enfance qui disparaît dès qu'elle ouvre les yeux.

6

Dans les couloirs du château

Quand Adèle se réveille, elle est stupéfaite d'entendre de la musique bizarre, comme si un orchestre s'était installé dans le couloir, de l'autre côté de la cloison. Et il y a sans aucun doute tous les spectateurs avec l'orchestre, parce qu'elle entend des bruits de pas, de course, une grande agitation. Ça crie, ça chante, ça rigole… Elle ouvre grands les yeux et se rend immédiatement compte qu'elle n'est pas chez elle. Elle ne s'est peut-être pas réveillée en fait ? Pourtant elle ne rêve pas, elle n'est pas en train de dormir !

Les draps sont lourds, sa couette a disparu, il y a comme un toit au-dessus de sa tête… Un baldaquin ! Elle est dans un lit qui n'est pas le sien. Il fait sombre, elle ne reconnaît rien. Elle tâtonne pour essayer de trouver le mur ou la table de chevet, mais ses mains ne rencontrent que du vide. Elle n'ose pas parler, appeler, de peur de voir surgir un inconnu. Elle ressent une angoisse terrible qui lui tord le ventre.

Elle se lève prudemment, glissant les jambes hors de son étrange lit. Elle pose ses pieds nus sur le plancher et elle s'aperçoit alors qu'elle porte une robe blanche, en tissu léger avec de la dentelle, qui n'a rien à voir avec sa chemise de nuit bleue Petit Bateau. Elle ne comprend toujours pas ce qui se passe, sa gorge est complètement nouée par la peur. Elle s'approche de la fenêtre, attirée par le bruit qui vient du dehors. Elle saisit les deux pans des épais rideaux bruns, qui laissent passer un rayon de soleil, et les ouvrent d'un coup sec. La lumière entre à flots, et Adèle se retourne pour contempler la pièce. Grande comme trois fois sa propre chambre, elle comprend quatre lits individuels. Il y a aussi quatre coffres et une grande armoire, tous sont en bois ouvragé, fabriqués à la main, comme la vieille commode de mamie. Le mobilier est assez simple, il n'y a pas de tapis, de tableaux aux murs ou de bibelots précieux ; en revanche des robes somptueuses sont disposées sur les coffres au pied des lits.

Adèle en touche une quand, soudain, un cri l'attire de nouveau du côté de la fenêtre. Elle regarde par le carreau et voit une foule immense se presser dans les rues. Deux hommes conduisant des charrettes se disputent juste sous la fenêtre, criant à qui mieux mieux. Elle n'aperçoit pas de voitures, seulement des gens à pied et des chevaux, comme dans un film historique. Ils sont aussi habillés comme au Moyen Âge, avec des collants et des drôles de trucs autour du cou pour les hommes, de grandes robes pour les femmes. Elle commence à s'affoler, se demandant ce qui lui arrive, comment elle a pu se retrouver là alors qu'elle s'est endormie chez elle tranquillement, quand soudain, la porte s'ouvre sur une superbe fille en tenue d'époque.

—Adèle, enfin, tu n'es pas prête ? Dépêche-toi, Marguerite nous attend ! Allez, habille-toi ! Tu veux que je t'aide ?

Elle semble âgée d'un ou deux ans de plus qu'elle. Sans attendre de réponse, elle virevolte à travers la pièce pour rassembler une tenue si belle que la jeune fille en reste bouche bée : une robe de taffetas crème, des jupons, des perles, tout cela est jeté sur le lit par cette demoiselle surexcitée qui lui court autour. Très élégante, elle porte elle-même une robe d'un vert sombre qui contraste avec ses cheveux d'un brun-roux étonnant. Des pierres brillantes et délicates ornent ses oreilles et son cou, elle est maquillée, et ses yeux brun chocolat brillent de vivacité.

—Adèle, enfin ! Ne me fais pas attendre !

— Mais… mais où suis-je ? Qu'est-ce que je fais ici ?

— Qu'est-ce que tu racontes ? On est là pour le mariage, enfin ! Henri de Navarre, Marguerite de Valois ! Ça ne te dit rien, triple buse ?

— Quoi ? Mais… je rêve ! Ce n'est pas possible, balbutie-t-elle, toute décontenancée.

— Mais si, c'est possible, tu es au Louvre. Et tu es la demoiselle d'honneur de la princesse Marguerite… depuis hier ! Je te l'avais dit que cela valait le coup d'insister auprès de Mère. Sans moi, tu serais restée au château à attendre qu'on revienne avec ta vieille nourrice.

— Qui… qui es-tu ?

— Quoi ? Ben… Agnès, enfin ! Espèce d'idiote ! Ça ne va pas, toi. Tu n'aurais pas attrapé une mauvaise fièvre pendant le voyage ? Allez, je t'aide à t'habiller, ça ira mieux si tu prends l'air. On ne respire pas dans ces chambres minuscules.

« Minuscule » ? Adèle se demande à quoi peut bien ressembler une grande chambre vu que celle-là lui semble déjà immense ! Le nœud dans sa gorge s'est dénoué : après tout, c'est plutôt rigolo, et elle se laisse emporter par la joie de cette fille qui semble être sa sœur, sans s'interroger plus longtemps sur ce qu'elle fait là.

Émerveillée, elle a surtout très envie d'essayer la magnifique robe. Blanc crème, elle se compose d'une jupe ample à froufrous et d'un bustier serré, orné de deux rangs verticaux de perles qui soulignent sa poitrine et descendent jusqu'à la ceinture. De petites épaulettes surmontent les manches bouffantes, en satin. L'habillage prend beaucoup plus de temps que pour ses tenues habituelles. Deux minutes pour un jean et un tee-shirt, alors qu'avec cette robe de fête c'est une bonne demi-heure qui s'écoule entre le premier jupon et le dernier lacet. Elle a tout le temps d'apprécier la douceur du tissu, les broderies délicates et les pierreries dont elle n'ose pas demander si elles sont vraies. Les souliers sont eux aussi satinés, avec des talons hauts en bois, comme elle n'en a jamais porté ! Il n'y a pas de miroir dans la pièce, ce qui la fait soupirer. Sa « sœur » se méprend sur la raison de son soupir :

— Tu as encore la nausée ? Tu n'aurais pas dû manger cette caille farcie hier soir, je te l'avais dit. Quelle gourmande tu fais !

— Non, non, ça va.

— Bon, je vais te coiffer, et ensuite on y va !

Tout en se laissant relever les cheveux en chignon, elle apprend beaucoup de choses sur ce qui se passe derrière la porte. Agnès fixe les dernières mèches folles avec des épingles et elle y accroche encore des perles. Il y en a tant qu'Adèle se demande si le bijoutier n'a pas braqué une colonie complète d'huîtres pour fournir sa tenue !

Elle va assister à un mariage, celui de Marguerite de Valois, sœur du roi, avec Henri de Navarre, surnommé « le petit sanglier ». Apparemment, Agnès ne l'aime pas beaucoup : c'est un protestant. Adèle se souvient d'avoir déjà entendu ce mot quelque part, mais elle ne sait pas trop ce que c'est, alors elle se tait et essaie d'en apprendre un peu plus sur ce qu'elle est censée faire en tant que demoiselle d'honneur et surtout pour savoir à quelle époque elle se trouve !

Elle a eu la puce à l'oreille en regardant par la fenêtre, mais c'est sa sœur qui lui permet de comprendre, quand elle annonce :

— Saint-Germain-l'Auxerrois marque 10 heures, tu seras juste prête pour le début de la fête.

Soudain, elle fait le rapprochement : Saint-Germain-l'Auxerrois, c'est le nom de l'église dans son roman ! Adèle est dans *La Reine Margot* ! Elle n'a cependant pas le temps de s'étonner davantage, car sa jeune compagne l'entraîne après elle dans les couloirs du château du Louvre. Agnès dévale les marches quatre à quatre et emprunte une coursive donnant sur une cour, puis une autre, elle passe devant une seconde cour, tourne à gauche, à droite : Adèle est complètement perdue. Sa sœur marche à toute vitesse en la tenant par la main, tirant sans pitié sur son bras pour la faire avancer plus vite. Adèle essaie de ne pas tomber, ses chaussures lui font mal aux pieds, et elle se tord les chevilles à cause des talons.

Elles croisent des hommes et des femmes de tout genre. En les observant à la dérobée, elle les classe en trois groupes. Certains portent des vêtements encore plus somptueux que les siens, des tissus chatoyants ornés de perles et de pierreries, ce sont sans aucun doute des seigneurs nobles avec leurs femmes et filles. D'autres sont apparemment des serviteurs, d'après leurs tenues plus simples quoique colorées. Les derniers, hommes et femmes habillés de noir, ont un air austère qui inquiète Adèle : ce sont les protestants dont lui a parlé sa sœur.

Au détour d'un couloir, les deux jeunes filles manquent de percuter un duo d'hommes appartenant à la dernière catégorie, en pleine discussion. Lorsque le plus âgé, brun comme un ours, les regarde avec mépris, Adèle ne peut s'empêcher de lui tirer la langue, ce qui étonne au plus haut point le deuxième, un jeune homme de seize ou dix-sept ans, dont les cheveux sont blond doré, avec des yeux bleus et profonds où brille une tache de brun. Elle le trouve beau. Il plonge son regard dans le sien, mais elle n'a pas le temps de le détailler plus avant, car Agnès l'entraîne dans la galerie suivante.

— Elles vont chez la Valois ; encore des traînées ! entend-elle.

« Traînées » ? Quel sale type ! Elle aurait bien bondi sur celui qui a dit ça, elle est sûre que c'est le brun, celui à qui elle a tiré la langue. Le blond avait l'air trop gentil pour dire une chose pareille sans même la connaître. Mais Agnès n'y prête pas attention et elle attire Adèle dans une pièce sur leur gauche, par une petite porte de bois. Ce qu'elle découvre à l'intérieur lui fait oublier l'insulte : elle se trouve dans l'antichambre de Marguerite de Valois.

Un monde fou se presse ici, dans un froufroutement de soie et de satin. Toutes belles et fraîches, les dames et demoiselles qui constituent la suite de la future mariée sont réunies ici et se bousculent pour entrer dans la chambre. Des odeurs d'iris, de violette et de rose se mélangent, chaque femme portant un parfum différent. Adèle tient fermement la main d'Agnès et elle se faufile à sa suite entre les groupes de dames. Certaines lui sourient, d'autres l'ignorent.

Marguerite de France reine de Navarre, fille de Henri II
(vers 1559), par le peintre François Clouet

Au centre, la belle Marguerite se prête aux derniers préparatifs. Adèle comprend tout de suite que c'est elle à son air altier et surtout à sa robe : celle-ci semble d'or pur, comme si le métal brûlant l'avait enserrée dans une gangue. La princesse a l'air si jeune, à peine plus âgée que la grande sœur d'Anila, qui est en première au lycée. Les cheveux brun très foncé, frisés sûrement artificiellement, elle a le visage d'un blanc de porcelaine et des yeux noirs, en amande, pétillant d'intelligence. La figure est ronde, le nez tout en longueur. Sa bouche délicate, comme dessinée à la pointe fine, révèle en s'ouvrant de petites dents d'une blancheur éclatante. Elle paraît heureuse de rire avec ses amies, mais, quand une matrone annonce que l'heure de partir approche, elle a soudain un air grave, comme si ce mariage ne lui plaisait pas vraiment. Adèle s'en veut de ne pas avoir lu la suite, elle aimerait bien savoir à présent si Marguerite est contente de cette union.

Adèle se dresse sur la pointe des pieds pour contempler la jeune femme dans sa robe couverte d'or, quand quelqu'un la bouscule.

—Adèle ?

Elle se retourne, pensant voir Agnès, mais…
— Adèle ! Debout, maintenant ! lui ordonne sa mère.

7

Réveil difficile

Adèle est dans son lit, à la maison. Le rêve s'envole vite, elle n'en garde qu'un sourire aux lèvres, qui s'estompe rapidement devant la mine furieuse de sa mère.

— Tu te lèves, oui ? Je n'ai pas que ça à faire ! Je t'avais demandé de mettre ton réveil, il est déjà presque midi !

Adèle jette un œil à son réveil, qui indique 11 heures. Sa mère exagère tout le temps. Du coup, pour l'énerver, elle s'étire mollement, prend un temps infini pour sortir de son lit et encore plus pour se débarbouiller, pendant que sa mère ouvre les volets, lui choisit des vêtements dans l'armoire et retape son lit. Adèle déteste quand elle lui impose une tenue. Elle n'a plus six ans, elle est capable de choisir elle-même ! Elle s'habille en grommelant qu'elle se changera dès que possible…

— Pas question. Tu portes ce que je te demande de porter, un point c'est tout. C'est Coraline qui t'a offert cet ensemble, tu vas me faire le plaisir de lui montrer que tu l'apprécies.

Qu'elle « l'apprécie »… façon de parler. Elle ne l'a jamais mis ! Adèle s'aperçoit que ce qui la gratte depuis qu'elle a enfilé le sweat est l'étiquette qu'elle n'a toujours pas retirée. Elle gémit, sa mère l'aide sans délicatesse, lui pinçant le bras.

— Aïe ! Fais gaffe !

— Ne me parle pas comme ça !

Elle n'a pas eu droit à un bisou ni à un câlin : trop grande pour réclamer un peu de tendresse et trop petite pour décider de ce qu'elle porte ! Elle s'enfuit.

Encore déboussolée par son drôle de rêve, elle embarque son bouquin pour aller prendre son petit déjeuner et essayer de trouver la réponse à sa question sur la future mariée : pourquoi avait-elle l'air aussi triste ? Son père est là, son sempiternel journal économique étalé devant lui, une tasse de café à la main.

— Bonjour, p'pa !

Il lui jette un coup d'œil lorsqu'elle s'installe avec lui à table, machinalement, et s'étonne :

— Tu lis ce livre ?

— Oui, c'est pour l'école.

— J'aurais dû me douter que ce n'était pas toi qui l'avais choisi.

— Pourquoi ? demande Adèle, sur la défensive.

— Je crois que je ne t'ai jamais vue avec un livre de plus de cinquante pages, constate son père. Ou alors des bandes dessinées... Si on peut appeler ça des livres !

— Les BD sont des vrais livres, réplique Adèle, et c'est pas parce que t'y connais rien que t'as le droit de les déningrer.

— On dit « dénigrer ». Alors, tu l'as eu comment celui-là ? demande son père en tapotant *La Reine Margot* du doigt.

— C'est Gérard qui nous l'a donné, rétorque Adèle en ramenant jalousement son roman vers elle.

— Qui ça ?

— Mon prof de français.

— Ah ! « Monsieur » Gérard ! Tu ne l'avais jamais eu celui-là ? Voilà un homme de goût, j'espère que tu vas faire plus d'efforts que l'an passé. Je n'ai pas envie de m'entendre encore dire que ma fille est une fainéante.

Adèle repense en tremblant à sa dernière note de français, l'affreux 4 sur 20 qu'elle n'a toujours pas annoncé à ses parents. Elle se dit qu'elle ne devrait pas trop traîner parce que le bulletin de mi-trimestre va finir par arriver. Mais comment expliquer une telle catastrophe ? Surtout qu'elle doit bien avouer qu'elle aurait pu mieux faire si elle avait lu la consigne correctement. D'ailleurs le commentaire du prof ne laisse aucun doute sur la question : « Hors sujet. Si tu t'étais concentrée un minimum, tu aurais eu la moyenne. À refaire. »

Avant, c'était mamie qui ouvrait le bulletin quand il arrivait : elle se chargeait d'atténuer la colère maternelle en rappelant à Catherine qu'elle n'avait pas été très brillante non plus au collège et elle calmait même le père d'Adèle en promettant qu'elle allait aider la petite à combler ses lacunes. Et, en effet, la jeune fille avait de bien meilleures notes avant la mort de sa grand-mère. Mais elle n'est plus motivée pour grand-chose, maintenant.

Décidément malmenée par ses parents, Adèle va prendre son bol fétiche dans le placard et se sert des céréales Chocapock sous le regard courroucé de son père :

— Pourquoi ne prends-tu pas plutôt du muesli, c'est bien meilleur que ces trucs pleins de sucre, qui ne tiennent pas au ventre !

Elle décide de l'ignorer, elle en a marre de ses discours sur la malbouffe et elle se plonge dans *La Reine Margot*. Son père se remet lui aussi à lire en grognant, ce qui la ferait rire si elle était de meilleure humeur. Mais cette journée n'a vraiment rien de sympathique. Son rêve était bien plus agréable…

8

Histoire de cœur

Ce n'est pas bien pratique de lire en mangeant, mais elle trouve le passage qui l'intéresse :

« Marguerite à cette époque avait vingt ans à peine, et déjà elle était l'objet des louanges de tous les poëtes, qui la comparaient les uns à l'Aurore, les autres à Cythérée. C'était en effet la beauté sans rivale de cette cour où Catherine de Médicis avait réuni, pour en faire ses sirènes, les plus belles femmes qu'elle avait pu trouver. [...] Les Français, qui la possédaient, étaient fiers de voir éclore sur leur sol une si magnifique fleur, et les étrangers qui passaient par la France s'en retournaient éblouis de sa beauté s'ils l'avaient vue seulement, étourdis de sa science s'ils avaient causé avec elle. C'est que Marguerite était non seulement la plus belle, mais encore la plus lettrée des femmes de son temps, et l'on citait le mot d'un savant italien qui lui avait été présenté, et qui, après avoir causé avec elle une heure en italien, en espagnol, en latin et en grec, l'avait quittée en disant dans son enthousiasme : "Voir la cour sans voir Marguerite de Valois, c'est ne voir ni la France ni la cour." »

C'est bien cette femme qu'elle a vue en rêve, telle qu'elle est décrite par l'auteur – comment s'appelle-t-il déjà ? « Alexandre Dumas », lit-elle sur la couverture. Marguerite, ou « Margot », parlait cinq langues ! Adèle a déjà du mal à suffisamment bien manier la sienne pour satisfaire ses professeurs, qui se plaignent toujours de ses fautes d'orthographe. Elle est nulle en anglais, et l'espagnol ne la passionne pas. Elle a réussi à échapper à l'option latin, mais son père commence déjà à lui parler de l'option grec, en troisième, qui lui serait utile si elle souhaite un jour faire médecine ou, « au pire », pharmacie. Heureusement, elle a entendu dire par le fils du principal adjoint que cette option allait disparaître, dans son collège, pour faire des économies de budget.

Une chose est sûre pour Adèle, c'est que, quoiqu'elle ne sache pas ce qu'elle veut faire comme métier, ce ne sera pas celui de son père. Passer dix ans de sa vie à étudier, non merci ! Elle aime bien l'idée de s'occuper des autres et elle a beaucoup observé les infirmières à l'hôpital quand elle allait voir sa mamie. Mais elle n'est pas assez travailleuse pour faire médecine, son père le lui dit tout le temps ! Elle aimerait bien qu'il l'encourage plus, mais ça fait des années qu'il n'a pas jeté un œil à ses devoirs, il rentre bien trop tard pour ça !

Adèle ne veut pas non plus travailler dans l'immobilier, comme sa mère, c'est bien trop ennuyeux. Taper des chiffres toute la journée. Beurk ! La mode peut-être, ou puéricultrice ? Elle a des doutes sur ce dernier choix, parce que, l'an dernier, Mme Gosselin, la conseillère d'orientation, leur a parlé de cinq années d'études après le bac, et cela lui semble très long. De toute façon, vu que le prof de français lui a proposé d'aller lui en parler pendant les vacances, elle ira directement au CIO, pour qu'elles aient vraiment l'occasion de discuter.

Avec son programme trépidant, elle aura largement le temps d'aller la voir !

Tandis que son père lit chaque article de son journal avec soin, Adèle poursuit sa propre lecture lentement. Elle n'avance pas aussi vite qu'elle le voudrait, parce que la langue est compliquée et qu'elle doit parfois relire deux fois, trois fois, pour comprendre certains paragraphes difficiles. Et même si ça l'énerve d'obéir à ce vieux principe qu'on lui a appris en sixième, elle finit par aller chercher un dictionnaire dans sa chambre pour chercher les mots inconnus. Lorsqu'elle se rassoit dans la cuisine, son père lui jette un œil, intrigué. La voyant chercher attentivement, il sourit avec fierté, mais elle ne le voit pas. Ils se ratent tout le temps.

« **PROTESTANT, -ANTE** – *Subst.* Adepte d'une des confessions (luthéranisme, calvinisme, anglicanisme) qui se sont séparées de l'Église catholique romaine au XVIe siècle ou de celles qui se sont constituées ensuite (baptisme, méthodisme, etc.) rejetant également l'autorité du pape. »

Finalement il n'est pas si mal, ce bouquin. Elle s'étonne que la future mariée ait un amant, le duc de Guise, puis découvre que le futur marié a lui aussi des vues sur quelqu'un d'autre, et elle se dit que tout cela est bien compliqué, pire que les histoires de cœur de Maëva ! En tout cas, elle comprend mieux pourquoi de Guise déteste le mari de Marguerite, Henri de Navarre :

« — Monsieur, répondit la reine, je puis ne pas aimer mon mari, mais personne n'a le droit d'exiger de moi que je le trahisse. De bonne foi, trahiriez-vous les secrets de la princesse de Porcian, votre femme ?

— Allons, allons, Madame, dit le duc en secouant la tête, c'est bien. Je vois que vous ne m'aimez plus comme aux jours où vous me racontiez ce que tramait le roi contre moi et les miens.

— Le roi était le fort et vous étiez les faibles. Henri est le faible et vous êtes les forts. Je joue toujours le même rôle, vous le voyez bien. »

Il est jaloux ! Il voulait épouser Marguerite à la place d'Henri. Adèle trouve que celle-ci est courageuse de défendre son futur mari alors qu'elle ne l'aime pas. D'après ce qu'elle en saisit, elle le fait juste parce qu'il est en position de faiblesse.

Soudain, sa mère entre dans la cuisine en râlant, perturbant ses réflexions. Elle est énervée, comme chaque fois que tante Coraline leur rend visite. Adèle déteste quand elle est comme ça. Elle qui pensait passer une bonne journée avec eux, c'est vraiment mal parti. Catherine commence par déloger Adèle et son père pour briquer le plan de travail qui est déjà reluisant puisque Laure, la femme de ménage, a passé quatre heures la veille à nettoyer toute la maison. Mais cela ne suffit jamais aux yeux de Catherine qui peste en grattant furieusement une tache minuscule.

— Je dois passer chez le traiteur, je n'ai pas le temps d'aller chercher le pain. Tu t'en chargeras, chéri ? demande-t-elle d'une voix doucereuse.

— Non, j'ai un truc à faire au cabinet, répond son mari, ennuyé. Adèle, tu feras ça pour ta mère ?

— Euh… oui, fait la jeune fille qui, en relevant le nez de son livre, manque de renverser son bol.

— Qu'est-ce que c'est que ce vieux bol que tu nous as ressorti ? Tu ne peux pas utiliser les bols de petit déjeuner que j'ai achetés exprès ?

— J'aime bien celui-là, soupire Adèle, ce qui exaspère sa mère.

— Mais il est hideux, tu as passé l'âge d'avoir un bol avec ton prénom ! D'où sort-il ?

— C'est un cadeau de mamie.

Cette dernière réponse jette un froid. Parler des morts, ça ne plaît pas trop à Catherine : elle n'ose plus rien dire, Adèle est fière de son effet. Ça lui apprendra à lui donner des corvées alors qu'elle est tranquillement en train de lire : pour une fois qu'elle s'intéresse à un livre, au lieu d'être contente, elle lui râle dessus à cause d'un pauvre bol qui ne lui a rien fait. Elle se dépêche d'avaler les dernières bouchées de Chocapocks tout ramollis pour échapper à la tornade maternelle, qui va bien finir par repartir de plus belle.

De toute façon, elle est sortie de sa lecture et elle a envie de penser à autre chose. En partant, elle pose son livre dans sa chambre, sur sa table de chevet. Tout cela est un peu dur à assimiler et demande beaucoup de concentration. Adèle préfère discuter sur sa messagerie instantanée avec

Juliette et Maëva : celle-ci leur raconte qu'elle en a déjà marre d'Antoine, sa dernière conquête. Elle dit qu'il embrasse comme un pied et qu'il a les mains moites quand il lui tripote les seins. Adèle ne s'est jamais fait tripoter quoi que ce soit, et imaginer les mains d'Antoine sur elle ne lui fait pas trop envie. Juliette parle alors de sa propre conquête et elle fait des sous-entendus qu'Adèle ne comprend pas bien : visiblement sa meilleure copine dit plus de choses à Maëva qu'à elle. Jalouse, elle les laisse à leur discussion et appelle Anila pour qu'elle vienne la rejoindre dans l'après-midi. Elle est moins rigolote, mais, au moins, elle ne parlera pas de garçons tout le temps. Quand Adèle raccroche, sa mère rugit :

— C'est pas possible, tu es déjà au téléphone ! Va chercher le pain au lieu de lambiner !

Vivement cet après-midi ! Adèle n'est levée que depuis une heure et ce week-end en compagnie de ses parents lui sort déjà par les yeux. Ils pourraient pas la laisser un peu tranquille, des fois ?

9

Pas assez « femme »

Elle se traîne jusqu'à la boulangerie, dont la vieille vendeuse ressemble au monstre de Frankenstein, sans les boulons, heureusement ! Adèle se demande, comme chaque fois, si ce sont ses vrais cheveux : elle est persuadée que c'est une perruque parce qu'ils ont l'air d'être en fil de pêche. Elle en est là de ses réflexions quand elle croise Guillaume.

— Tu es déjà debout, se moque son ami.

— Mouais, ma mère est survoltée, y a sa sœur qui vient.

— Celle qui a trente ans ?

— Oui. Quand elle est là, ma mère est encore plus pénible, soupire Adèle. Elle va encore me mettre la pâtée au Scrabble et, en plus, elle se fringue mal. Je l'aime pas.

— Si tu lui parles comme ça, ça ne m'étonne pas !

— Tu ne vas pas t'y mettre ! On dirait Anila.

— Elle est gentille, Anila. Je me demande ce qu'elle fait avec vous, rigole Guillaume.

— Si tu veux sortir avec elle, te gêne pas, elle est libre.

Guillaume rougit, il n'est jamais sorti avec une fille, et Anila est très jolie.

— Je te charrie, elle ne peut pas sortir avec quelqu'un, son père est trop relou. Et puis elle est trop sérieuse pour ces histoires, elle passe son temps à travailler.

— Ah ! De toute façon, ça ne m'intéresse pas, dit le garçon d'un air dépité.

— Guillaume ! Fais pas cette tête, on dirait qu'elle te plaît !

— Mais non ! Qu'est-ce que tu t'imagines ? soupire-t-il. Tu ne comprends rien, ma pauvre Adèle.

— Bon, puisque c'est ça, je file. Faudra que je te raconte mon rêve, mais là j'ai pas le temps. À toute !

Il la regarde s'éloigner, le cœur serré. Elle ne sait pas ce qu'il pense. Elle ne s'en soucie même pas, tout occupée à se demander comment ça peut être d'embrasser un garçon. Pas juste avec les lèvres ; non, un vrai baiser, le *french kiss* avec la langue. Mais elle n'est pas assez « femme » pour attirer les garçons. Sa vie changera, elle en est sûre, le jour où elle aura enfin de la poitrine. Comme sa sœur dans son rêve, Agnès.

Quand elle rentre chez elle, Adèle se retrouve embrigadée dans le grand rangement/nettoyage du salon, avec pour fond sonore sa mère qui râle. Ce n'est que lorsque la sonnette annonce l'arrivée de Coraline qu'elle peut cesser d'épousseter le piano, dont plus personne ne se sert.

Elle a soigneusement évité la cheminée. Elle n'aime pas trop voir l'urne de sa grand-mère qui y trône, ça la met mal à l'aise. Elle ne sait pas bien pourquoi ses parents n'ont pas dispersé les cendres de mamie, comme prévu. À l'hôpital, à la fin, elles avaient discuté une fois de ce qui se passait après : Adèle ne croit pas en dieu, mais elle se demande quand même si on ne continue pas à sentir des choses quand on est mort. Elle s'était imaginé que disperser les cendres dans le jardin permettrait à sa grand-mère de continuer à « vivre » dans la nature, comme si une partie d'elle-même avait la possibilité de suivre la conversation des escargots. À ce moment-là, mamie s'était écriée : « Et si je tombais dans un lac, moi qui ne sais pas nager ? » Finalement, les cendres sont restées ici, dans une espèce de bocal clos, et les questions d'Adèle sont restées sans réponses.

À midi, le carillon d'entrée résonne, et tante Coraline passe le pas de la porte, dans une tenue à la fois chic et classe, bien trop détendue pour sa sœur, bien trop classique pour sa nièce. Elle est très jolie, très élégante aussi même si un détail lui donne systématiquement un petit côté bohème. Aujourd'hui, ce sont ses chaussures, des Converse couleur aubergine, qui apportent leur touche d'originalité à sa tenue.

Une fois, Adèle a essayé de savoir où elle s'habillait, pour faire les boutiques avec elle. Mais Coraline trouve ses vêtements au petit bonheur la chance, dans des boutiques improbables ou sur Internet. En tout cas aucune des marques de jeunes qui intéressent Adèle. Pour Coraline, l'important est ailleurs, à mille lieues de la vie de sa nièce, qu'elle considère comme un animal bizarre… une adolescente.

Après le déjeuner, comme prévu, Coraline propose un Scrabble. Adèle est sauvée par le gong : Anila qu'elle a appelée à la rescousse sonne à la porte à cet instant précis.

— C'est Anila !

La jeune fille se précipite pour aller lui ouvrir la porte.

— Bonjour, mam'zelle Adèle, tu as passé une bonne matinée ?

— Galère, j'ai jamais mangé autant de poussière ! répond Adèle en l'entraînant derrière elle jusqu'au salon.

— Pauvre malheureuse, on dirait Cosette ! se moque son père.

— En plus, ils veulent m'obliger à jouer au Scrabble…

— On va au cinéma à la place ? propose Anila.

Adèle se tourne vers son père en quête d'approbation.

— Si vous voulez, répond-il.

— Vous allez voir quoi ? demande Catherine. Encore une superproduction américaine ?

— Euh… tu as une idée, Anila ? demande Adèle à sa copine.

— Non, pas du tout. Tu veux voir *Star Wars* en 3D ? répond la jeune fille, provoquant des roulements d'yeux assez comiques de la part du père d'Adèle.

— Mouais, bof, ça me donne mal à la tête, les lunettes. Et on l'a déjà vu avec Juliette, je sais comment ça finit. Un coup de sabre laser et « tchak-tchak », plus de bras, plus de chocolat !

— T'es sympa, toi ; je ne l'avais pas vu, tu m'as spoilé la fin !

— Oh, pardon !

— Si vous voulez, intervient Coraline, il y a *La Princesse de Montpensier*. Il est très bien.

— Tu l'as vu ? lui demande Adèle, soupçonneuse.

— Mieux, j'ai travaillé dessus.

— Qu… quoi ? hoquète Adèle, impressionnée. Je croyais que tu bossais à la bibliothèque ?

— « Travaillais », pas « bossais ». Et, non, je ne travaille pas pour la bibliothèque, j'y effectue des recherches. Je suis conseillère historique dans l'industrie du cinéma.

— Sur quoi ?

— Sur l'époque du film, le XVIe siècle. Tu vois de quoi je parle ou c'est trop vieux ? répond Coraline, un peu moqueuse.

— Justement, intervient soudain Catherine, Adèle doit lire *La Reine Margot* pendant ses vacances.

— Ah tiens, quel choix judicieux ! Je te passerai la suite si tu veux.

— Quoi, il y en a deux ?

— C'est même une trilogie ! Ton prof ne te l'a pas dit ? Les suites s'appellent *La Dame de Monsoreau* et *Les Quarante-cinq*. Dumas a raconté toutes les guerres de Religion dans cette trilogie, de 1572 à 1584.

— Pfiou, j'ai pas fini alors..., souffle Adèle.

— Tu vas voir, quand on a commencé, on ne peut plus s'arrêter. Et le film que je vous propose se passe à peu près à la même époque. Ça vous tente ?

— Ah, ça oui ! dit Anila, qui adore les films en costumes.

— Allez, je vous amène. S'il y a des choses que vous ne comprenez pas, vous me demanderez. Je pourrai vous donner de la documentation.

— Ah oui, euh… merci ! bredouille Adèle, un peu décontenancée par la gentillesse et surtout par le soudain intérêt de sa tante pour elle.

Elles font quand même un peu la tête, les belettes, à l'idée que Coraline s'incruste dans leur après-midi de filles. Elles craignent qu'elle ne se lance dans un grand exposé sur le XVIe. Elles préféreraient des détails sur les stars que Coraline a dû croiser, mais elles ne savent même pas qui joue dans ce film.

Les voilà parties. Coraline conduit tellement mal qu'Adèle est rapidement terrorisée. C'est presque pire qu'avec sa grand-mère ! Celle-ci ne semblait pas s'être rendu compte que le code avait singulièrement changé depuis les années 1950.

— Tu roules aussi mal que mamie !

— Ah bon ? Ça ne m'étonne pas, c'est elle qui m'a appris ! s'exclame Coraline en riant. Mon père voulait me faire passer le permis avec la conduite accompagnée, mais on se disputait sans arrêt alors elle a pris le relais.

— Moi, ça me fait penser à la conduite pakistanaise ! Je me croirais à Karachi…

— Tu y as vécu ? demande Coraline

— Non, mais on y est allés l'an dernier en vacances pour voir mes grands-parents…

La conversation est brutalement interrompue par un vélo surgi de nulle part, que Coraline évite en écrasant une poubelle innocente. Les filles crient, le cycliste vitupère, Coraline rigole. Bref, Adèle et Anila ont peur mais s'amusent beaucoup durant le trajet.

Quant au film, il les « scotche sur place », Adèle est même bouleversée. Cette fresque historique, pleine de violence et de fureur, au cœur des guerres de Religion, est un sacré coup de poing. Il y a la guerre, des scènes terribles de massacres : les gens y sont assassinés parce qu'ils n'ont pas la même religion que les autres. Adèle ne comprend pas trop pourquoi, ils ont l'air d'être pareils, ils parlent la même langue, vivent dans le même pays. Elle ne sait pas comment ils peuvent deviner qu'ils sont d'un côté ou de l'autre. Leurs habits sont le seul indice : les catholiques en couleurs, les protestants en noir. Comme ce qu'elle a vu cette nuit.

Rapidement, Adèle s'identifie à Marie, la belle héroïne du film. Elle sait ce que ça fait de porter l'une de ces robes somptueuses, elle n'a aucun mal à imaginer ce qu'elle ressent puisqu'elle a vécu tout cela dans son rêve. Pourtant, elle est choquée par la violence des rapports familiaux. Lorsque le père de la jeune Marie décide de la marier, pour des questions d'argent, une violente dispute éclate entre eux, car elle refuse cette union. Les mots blessants et les coups pleuvent. Adèle est figée dans son fauteuil, submergée par l'horreur de voir cette jeune fille, à peine plus âgée qu'elle, traitée comme un animal à vendre. Après cette scène, c'est le mariage. De nouveau, Adèle est gênée. La scène d'amour est très crue, c'est la nuit de noces de la jeune Marie de Montpensier. En fait, ce n'est pas du tout une scène d'amour. La pauvre mariée est déshabillée et observée sous toutes les coutures par les invités tandis qu'on lui passe une éponge sur tout le corps. Les époux sont même observés dans leur lit. Le cri de la jeune Marie de Montpensier est commenté, et elle semble si désemparée qu'Adèle en a les larmes aux yeux. C'est quand même fou ! Elle se dit qu'être femme à cette époque était affreux, même pour les riches.

Après le film, personne ne parle. Les jeunes filles sont encore perdues dans leurs pensées. Coraline raccompagne Anila, puis elle propose une balade dans le centre-ville de Saint-Nazaire à

Adèle. Elles parlent longuement de l'intrigue, des personnages et des conditions de vie de l'époque. De la place du Ruban-Bleu, leurs pas les mènent jusqu'à la base sous-marine. Le jour est tombé, tout est sombre, crépusculaire. Elles montent sur le toit qui surplombe la ville et le port, en discutant de la violence de ce film pour l'exorciser, mais aussi de l'amour qu'éprouvent les différents personnages envers la princesse de Montpensier, de l'impossibilité pour elle de choisir entre son époux, le duc de Guise, qui est son amant de jeunesse, et le futur roi Henri III.

Le beau duc de Guise a marqué Adèle, il a un air si innocent qu'elle a peine à croire qu'il s'agisse du même personnage que dans le livre de Dumas. Sa tante lui explique que ces hommes et ces femmes étaient très jeunes, à peine plus âgés que des lycéens, avec des responsabilités immenses dès l'adolescence, et Adèle repense à son rêve. Elles se disent aussi que les gens de la cour n'étaient pas trop préoccupés par la fidélité et que, finalement, ils avaient des mœurs plus libres qu'on ne l'imagine – presque plus libres même qu'à l'époque d'Adèle, finalement.

Elles seraient restées là des heures si le portable d'Adèle ne les avait pas rappelées à l'ordre. C'est sa mère.

— Dis à ta tante de te ramener tout de suite, il est presque l'heure de dîner !

Deux heures plus tard, la jeune fille est dans son lit, son livre à la main. *Quelques pages de lecture !* se dit-elle. En fait, au bout d'une heure, elle a dévoré une cinquantaine de pages. Elle a des crampes dans les bras, mais elle ne veut pas lâcher son roman. Coraline avait raison : « Quand on a commencé, on ne peut plus s'arrêter. » Dans le chapitre suivant, elle découvre La Mole : elle trouve ce jeune homme attachant. Maladroit mais attachant. Et son colocataire à l'auberge, ce Cocoonas, a l'air aussi drôle que son nom ! Elle finit par n'en plus pouvoir : le livre lui glisse des mains, et elle s'endort, de bien meilleure humeur que le matin même.

10

Un rêve étrange

Adèle se sent serrée dans ses vêtements tout à coup. Ça la gratte. Encore une étiquette ? Elle baisse les yeux et constate qu'elle porte la robe de son rêve. Autour d'elle, la foule. Il fait nuit.

— Adèle, tu rêves encore ! s'exclame Agnès, sa sœur.

C'est le cas de le dire. Elle est de nouveau au Louvre. Elle ne comprend pas bien pourquoi elle refait le même rêve. Sauf qu'elle s'aperçoit vite qu'il ne se répète pas, elle n'est pas dans sa chambre ni dans l'antichambre de Margot. En fait, son rêve se poursuit. Il est plus tard que la première fois et, surtout, elle voit Margot sous les arcades. Celle-ci s'est changée, elle a quitté sa tenue d'or fondu et porte à présent une magnifique robe d'un blanc éclatant. Des pierres brillent sur son corsage, ses cheveux sont décorés de rubans et de perles, elle en a deux ou trois fois plus qu'Adèle dans les cheveux ! Autour de la jeune femme, comme les papillons qui s'agitent autour d'une lampe, des dizaines de personnes se pressent. Elle ressemble à la reine du lycée entourée de sa cour : les prétendants qui la dévorent du regard, les jeunes filles qui rêvent de lui ressembler, les jaloux ombrageux qui lui tournent autour malgré tout.

— Le mariage est fini ?

— Qu'est-ce que tu racontes ? Cela va durer trois jours. C'est le premier soir, nous avons le temps de faire la fête ! Et je compte bien en profiter !

— Trois jours ? répète Adèle, abasourdie.

— Tu ne veux pas danser ? Je te laisse, tu m'énerves !

Agnès l'abandonne, elle se retrouve seule, un peu perdue, et elle s'éloigne de tout ce bruit pour revenir dans la même galerie qu'au matin, lorsqu'elle a croisé les deux hommes. Le plus jeune, qu'elle avait trouvé charmant contrairement à son compagnon, est là ; elle n'en revient pas, c'est comme s'il l'avait attendue. Tandis qu'il regarde les étoiles, elle l'observe mieux, il doit avoir son âge ou un peu plus. Son vêtement étrange le serre un peu, elle voit qu'il est musclé. Assez grand, il a de larges épaules, mais son corps est fin. Il se retourne soudain.

— Que me veux-tu ?

— Je… Rien, excusez-moi, bredouille Adèle, un peu troublée par le tutoiement.

Il a l'air si sérieux, elle s'attendait à ce qu'il la vouvoie.

Va t'amuser !

— Non, la foule, le bruit… Je n'aime pas beaucoup ça, répond-elle, troublée.

— Moi non plus. Je n'apprécie pas cette fête ni ce mariage.

— Pourquoi êtes-vous là alors ?

— Parce que tu as eu le choix, toi ?

Un instant, elle se dit qu'il vit la même chose qu'elle, qu'il est lui aussi dans un rêve étrange. Peut-être que ce sera plus facile, à deux, de comprendre ce qui se passe.

— Mon père est parti se battre dans le Hainaut, et je le représente. Je préférerais mille fois être resté chez nous, à La Rochelle. Mais on ne refuse pas une invitation du roi, n'est-ce pas ?

Adèle se renfrogne, déçue. Il est bien de cette époque. Elle ne pourra pas lui expliquer qu'elle vient d'un autre siècle sans passer pour une folle.

— Comment t'appelles-tu ? lui demande-t-il.

— Adèle.

— Adèle ? Quel prénom original ! Tu es catholique ? Bien sûr, vu ta tenue. De quelle famille ?

La jeune fille est embêtée. Elle ne va pas lui dire qu'elle s'appelle Maltais quand même ! Elle essaie de se rappeler un nom à particule du roman de Dumas, n'en trouve qu'un et improvise.

— De Guise, lance-t-elle.

Voyant la tête du jeune homme se décomposer, elle comprend qu'elle a dit une bêtise. Bien sûr ! Il est protestant, et de Guise était un fervent catholique, un des pires ennemis des protestants ! Elle se sent stupide.

— Enfin, non… euh…, bafouille-t-elle, avant de repenser à un camembert. Lanquetot, de Lanquetot !

— De Guise ou de Lanquetot, il faudrait savoir ! lance-t-il, sur la défensive.

— Adèle de Lanquetot, pour vous servir, annonce-t-elle, en tentant une petite révérence.

— Ah bien, d'accord ! rigole-t-il soudain détendu. Je suis Samuel de La Noüe.

— Enchantée. Vous… tu es tout seul ici alors ?

— Plus ou moins, je loge avec la suite de Navarre. Et toi ?

— Je suis venue avec ma sœur et mes parents. Je… je suis sortie du couvent la semaine dernière pour faire partie des suivantes de la reine.

— Ah ? L'escadron volant ?

— « L'escadron volant » ? Qu'est-ce que c'est ?

— La suite de la reine, des femmes à son service, prêtes à tout pour la servir… Les jeunes filles des meilleures familles sont réunies autour d'elle, toutes occupées à leurs intrigues et à leurs amourettes… Tu n'en fais pas partie ?

— Je ne savais pas qu'on les… qu'on nous appelait comme ça !

— Tu n'as pas l'air très au fait des mœurs de cette cour, j'espère qu'ils ne te mangeront pas toute crue ! s'exclame-t-il, attendri. D'où vient ta famille ?

De nouveau, Adèle est bien embêtée. Alors qu'elle hésite, cherchant une réponse qui sonne vraie, l'homme brun à qui elle a tiré la langue arrive. Il la regarde avec le même mépris qu'au matin et entraîne Samuel à sa suite.

— Viens ici au lieu de faire le joli cœur avec une de ces « filles ». Navarre a demandé tout le monde.

Le jeune homme lui fait un clin d'œil pour la rassurer, ce qui n'empêche pas Adèle de se retrouver plantée là, seule et ne sachant que faire. Elle retourne vers l'agitation qui règne dans la cour. Les gens dansent, boivent, mangent ; des musiciens se tiennent sur une petite estrade et jouent, l'un de la flûte, l'autre d'une sorte de guitare, le dernier de la harpe. Les danseurs et danseuses rient tout en suivant avec sérieux des pas de danses étranges qu'Adèle ne connaît pas. On est loin des danses du XXIe siècle.

Souvent, un couple s'arrête pour boire un coup, ce qui ravive la soif d'Adèle. Elle se demande s'il est bien normal de ressentir la soif et la faim dans un rêve, tout en se saisissant d'une coupe : elle boit sans se méfier et recrache tout avec dégoût. C'est du vin rouge ! Elle n'en a jamais bu, et ce n'est pas bon du tout... Mais les carafes qui sont posées sur les tables contiennent toutes ou du vin rouge ou du vin blanc. Elle se saisit alors d'un pilon de poulet sur une assiette ; ça au moins, elle aime bien ! Elle entend deux hommes citer le nom de De Guise et s'approche pour écouter, curieuse d'en savoir plus :

— De Guise est vert de rage. Margot ne lui appartient plus, dit le premier.

— Elle sera fidèle au « petit sanglier », tu penses ?

— Elle ? Non, sa réputation n'est pas des plus flatteuses. On dit qu'elle a plus d'amants que de doigts !

— C'est une pitié de voir une si belle femme épouser un huguenot laid comme un pou.

— C'est pour la paix du royaume !

— Quelle paix ? Ils nous envahissent, il y en a partout de ces hommes en noir, affirme le premier, plein de dégoût. Leur religion est mauvaise, ce sont des hérétiques qui refusent le culte de Marie et des saints ! Et nous nous mettrions tous à travailler comme de vulgaires paysans si on les écoutait. Ils veulent même que le petit peuple apprenne à lire ! Si le roi ne prêtait pas tant l'oreille à son conseiller, ce Coligny, nous nous en serions débarrassés depuis longtemps.

— Si quelqu'un avait la bonne idée de s'occuper de Coligny, un coup d'arquebuse ou quelque chose de ce genre, dit alors le second plus bas, regardant autour de lui.

Adèle détourne vivement la tête, mais les hommes la considèrent avec suspicion et s'éloignent, ne lui laissant pas le loisir d'en apprendre plus. Elle commence tout juste à comprendre : le conseiller du roi, Coligny, a l'air de gêner à la cour, et la plupart des catholiques semblent nombreux à partager cette opinion. Évidemment, le fait qu'il soit protestant les énerve encore plus. Adèle serait-elle en train d'assister à un complot ? Elle cherche Agnès du regard – c'est la seule personne qu'elle connaisse – et la voit avec une femme plus âgée, qui lui ressemble. En s'approchant, elle a confirmation de ce qu'elle imaginait :

— Adèle, ma fille, que fais-tu là à traîner ? Tu dois tenir ton rang, rejoins donc Marguerite au lieu de bayer aux corneilles !

Sa mère de rêve n'est pas plus affectueuse que la vraie ! Elle tente le tout pour le tout, afin d'en savoir plus sur… elle-même !

— Quand rentrons-nous à la maison ?

— Tu sors à peine du couvent et tu veux y retourner ?

— Non, je veux dire, dans notre maison à nous ?

— Ma pauvre fille, tu ne comprends rien, il faut tout te répéter deux fois. Écoute bien, je ne recommencerai pas. Nous restons ici jusqu'aux noces de ta sœur avec le comte de Montesquiou et tu resteras avec elle, chez son époux, jusqu'à ce que ton propre mariage soit décidé.

Bal donné au Louvre en présence d'Henri III
et de Catherine de Médicis pour le mariage d'Anne,
duc de Joyeuse et de Marguerite de Lorraine-Vaudémont
(sœur de la reine Louise),
le 24 septembre 1581

— Me marier, mais avec qui ? Je ne veux pas ! s'offusque-t-elle, oubliant qu'elle n'est pas dans son époque.

— Le choix ne te revient pas : ton père trouvera un parti qui te convienne, ne te soucie pas de ça, ma chérie. Allez, file, ce n'est pas en te mouchant dans ma robe que tu séduiras qui que ce soit.

Dépitée, la jeune fille avance d'un pas mal assuré vers le centre de la cour, où Marguerite rayonne, entourée de sourires et d'attentions. Adèle, elle, est perdue, décontenancée. Entre cette histoire de conspiration pour un meurtre et l'idée d'un mariage qui la dégoûte... Elle repense avec horreur à cette pauvre Marie de Montpensier et à ce qu'elle a subi pendant ses noces. L'idée qu'il s'agit d'un rêve la rassure, mais elle aimerait qu'il s'achève rapidement. Elle s'étonne tout d'un coup : elle a conscience d'être dans un songe mais n'arrive pas à se réveiller. Elle se secoue, se pince le bras, mais rien ne se passe, elle est toujours au milieu de cette fête. Adèle commence à avoir peur. Et si elle ne se réveillait pas ? Si elle était coincée ici ? Obligée de se marier à un homme qu'elle ne connaît même pas ?

Son désespoir commence à lui tordre le ventre, elle veut partir, rentrer, les larmes lui montent aux yeux. Soudain Samuel est devant elle, il la prend par la main, l'entraîne avec lui et la fait danser. Elle connaît les pas, sans même réfléchir ; ils tournent et virevoltent, comme elle en rêvait petite en jouant avec ses poupées. Son prince lui sourit :

— Tu danses bien, Adèle !

— Toi aussi, répond-elle, soudain intimidée.

Et elle se laisse emporter, heureuse dans les bras de ce garçon fort et rassurant. Elle ferme les yeux.

Elle se réveille soudain dans son lit. Juste au moment où elle se sentait finalement bien.

11

Personne ne s'en préoccupe

En tout cas, Adèle ne veut plus dormir, elle est curieuse d'en apprendre plus sur le complot qu'elle a cru découvrir : sans doute Alexandre Dumas en parle-t-il, elle ne peut pas avoir simplement inventé ça dans son rêve. Et puis elle veut chercher si Samuel est dans le livre. A-t-il vraiment existé ? Peut-être que ce n'est qu'un produit de son imagination ? Elle lit donc, avec de plus en plus de passion, jusqu'au matin, pour essayer de trouver des réponses. Au fur et à mesure, elle s'habitue à la langue du XIXe siècle et elle avance bien dans sa lecture, les mots compliqués ne la gênant plus autant. Elle vérifie cependant quelques définitions dans son dictionnaire de poche. Tout en cherchant « cabale », elle se demande pourquoi cette langue lui semble si facile dans son rêve et si complexe dans la réalité, puis se penche de nouveau sur son livre. Malgré les courbatures et les yeux qui piquent, les pages défilent. Nulle part, elle ne trouve trace de Samuel. Par contre, plus elle avance, plus ce qu'elle lit la fait frémir... Le roi a convoqué un certain Maurevel, à qui il donne une arquebuse – une sorte de fusil, d'après le dictionnaire.

Ce que dit le roi n'est pas très clair, elle a un peu de mal à saisir les sous-entendus : Maurevel semble être un assassin, à qui le roi demande de tuer son propre conseiller, Coligny, dont elle a entendu le nom dans son rêve. C'est bizarre... Elle avait l'impression que le roi aimait bien Coligny ! Pourquoi Charles IX s'en prend-il soudain à son conseiller préféré ? En tout cas, ça colle bien avec ce que disaient les deux hommes qu'elle a entendus dans son rêve. Elle aimerait demander à quelqu'un de lui donner des précisions sur la scène entre le roi et Maurevel, mais toute la maison dort. Une faible lueur commence à poindre par les persiennes, elle a mal au cou à force de se tenir penchée sur son livre. Ah, si on lui avait dit qu'elle serait un jour capable de lire toute la nuit, elle ne l'aurait pas cru !

Elle pense alors à Samuel, se demande s'il pourrait lui expliquer cette histoire d'attentat et puis se secoue, esquissant un sourire bizarre. Il n'est même pas dans le livre, il n'existe pas, c'est un rêve ! Elle se lève, le sol est froid sous ses pieds. Enroulée dans sa couette, elle se met à son bureau et allume l'ordinateur, qui projette sa lumière mentholée sur son visage pâle. Elle cherche sur Internet la trace d'un Samuel de La Noüe. Elle trouve bien une famille de ce nom à La Rochelle mais pas de Samuel. Elle essaie de le dessiner sur un bout de papier, tentant de se remémorer le visage des garçons de troisième qu'elle a vus au collège vendredi, mais c'est peine perdue. Ce garçon n'a jamais existé, elle l'a inventé ! Après tout, c'est normal qu'elle rêve de ce qu'elle vient de lire, non ?

Le jour achève de se lever. Elle entend sa mère qui descend à la cuisine et la rejoint. Celle-ci est plus détendue que la veille, et le dimanche s'annonce bien, Adèle est ravie quand elle lui propose de faire des pancakes au sirop d'érable. C'est rare et cela lui rappelle de bons souvenirs, lorsque sa maman ne travaillait pas et qu'elle s'occupait à temps complet de ses deux grands garçons et de sa petite dernière, la « chouchoute », comme l'appelaient ses frères.

Elles discutent toutes les deux en faisant cuire la pâte dans une poêle. Adèle est préoccupée par son rêve, mais elle ne veut pas lui en parler, de peur que sa mère ne se moque d'elle. Alors elle aborde un autre sujet :

— Je ne savais pas que Coraline travaillait pour le cinéma. Tu ne me l'as jamais dit.

— Je t'avais bien dit qu'elle était chercheuse ? lui répond sa mère gentiment.

— Oui, je crois, répond la jeune fille, sans être sûre. C'est quoi, une chercheuse ?

— C'est quelqu'un qui passe son temps à étudier des sujets très spécialisés, des thèmes particuliers. Il y a des chercheurs qui s'intéressent à la physique, aux différents peuples ou à l'histoire, celle du XVIe siècle, par exemple, dans le cas de Coraline.

— À quoi cela lui sert-il d'étudier des événements aussi lointains tout au long de l'année ?

— Alors ça, c'est bien la question ! dit sa mère avec une pointe de mépris.

— Tu trouves que c'est inutile ?

— Je pense qu'elle devrait faire un métier plus utile et moins prenant : la recherche historique ne sert pas à grand-chose, et elle y passe tout son temps au lieu de fonder une famille. Il faudrait qu'elle arrête de vivre comme une bohémienne. Mais, tu sais, mamie l'a poussée dans ses études et…, hésite-t-elle.

— Tu as fait des études aussi, non ? demande Adèle un peu étonnée que sa mère reproche à sa sœur de ne pas avoir fait les mêmes choix qu'elle.

— Oui, mais la gestion, ce n'était pas assez bien pour ma mère, et elle ne m'a pas poussée à aller plus loin que la licence, répond Catherine, pleine d'amertume. Et puis après… ton frère est arrivé.

— Et tu as fondé une famille ! C'est ce que tu voulais, non ?

— Oui, mais…

— Et pourquoi tu as repris le travail alors ?

— Bon, il y a assez de pancakes pour un régiment, installe-toi donc.

Adèle sent bien que le moment magique qu'elle pensait partager avec sa mère est gâché et qu'elle n'aurait pas dû dire… Quoi, exactement ? Elle ne comprend pas. Elle pense que les grandes personnes sont très compliquées. Mais les enfants imaginent souvent bien des choses fausses sur leurs parents. Et les parents ne cherchent pas à comprendre ce qui se trame dans les têtes de leurs enfants.

Parce qu'en fait ce qui est évident, c'est qu'elles sont toutes malheureuses à cause de la mort de mamie, que ce soient Catherine, Coraline ou Adèle.

⚜
⚜ ⚜

Mais ça, personne n'en parle jamais.

12

Comme fanés

Perturbée par ses vieilles rancunes, Catherine est retournée se coucher, abandonnant sa fille dans la cuisine avec son tas de pancakes. Adèle finit son petit déjeuner tout en s'interrogeant sur son étrange rêve. Elle se demande qui pourrait l'aider à trouver des réponses à ses questions, puisque sa mère a disparu dans sa chambre et que son père dort toujours. Elle pense alors à Guillaume, mais elle n'ose pas l'appeler parce que la sonnerie risque de réveiller son père et qu'il a besoin de sommeil pour assurer les trois-huit aux chantiers. Comme elle n'a de toute façon pas grand-chose d'autre à faire, elle se décide à aller toquer chez lui.

Il habite un immeuble, un peu plus loin dans la rue, elle y est en deux minutes. C'est un vieil appartement des années 1970 comme il y en a tant dans cette ville. Mal isolé, défraîchi, il n'a pas l'allure coquette de sa maison à elle, mais elle a joué si souvent dans l'escalier ou dans le jardin commun que revenir dans cet immeuble fait remonter une foule de bons souvenirs… Une fois devant la porte, elle hésite cependant. Adèle n'a pas pensé à demander la permission à sa mère avant de sortir. Peu importe, elle a besoin de discuter de tout cela, et seul son ami peut l'aider. Elle se décide à gratter le bois, comme un petit chat. L'entendra-t-il ? Au bout de quelques minutes, elle est prête à renoncer quand la porte s'ouvre sur Guillaume, et elle lui sourit avec soulagement, contente que ce ne soit pas son père.

— Mon père n'est pas là, entre ! lui propose-t-il, étonné de la voir là, et surtout gêné de l'accueillir en pyjama.

— Tu as mis ta tenue de combat ? raille-t-elle gentiment.

— Mouais, laisse-moi deux secondes pour que je me change, dit-il en disparaissant dans sa chambre.

Adèle regarde autour d'elle : c'est plus petit que dans son souvenir. Plus sale aussi, on sent que la mère de son ami manque, elle qui aimait tant que tout soit net. Pas à la manière de sa propre mère, non, parce qu'ici, même après le ménage, tout semblait joyeusement dérangé avec des bibelots partout, des bricolages rigolos et des livres par dizaines. La bibliothèque court toujours sur le mur, mais beaucoup de livres ont disparu, et les petites statuettes, les coquillages et les bougies qui la décoraient sont tristes, couverts de poussière, comme fanés. Adèle a les larmes aux yeux en constatant que l'absence de la mère de Guillaume transparaît dans chaque recoin du petit appartement.

— Tu viens pour quoi ? Tu es tombée du lit ? crie Guillaume depuis sa chambre.

La voix de son ami la tire de sa rêverie, elle essuie les gouttes qui perlent à ses paupières d'un revers de la main avant qu'il ne rouvre la porte. Le jeune homme porte un pull informe et un jean un peu trop court, complètement démodé. Du cent pour cent Guillaume. Adèle se dit qu'il mériterait un bon relooking, mais, pour le moment, elle a trop à faire avec son aventure étrange pour lui proposer une virée shopping.

— Je..., hésite-t-elle.

— Vas-y, accouche, on dirait que tu as vu des extraterrestres !

— C'est un peu ça…

— Quoi ? Tu as vu Wall-E ? rigole Guillaume.

— T'es bête… Non, mais, tu sais, le bouquin qu'on doit lire pour l'école pendant les vacances…

— Oui. Et ben ?

— J'en ai rêvé cette nuit !

— M. Gérard serait content de le savoir ! Mais je ne vois pas pourquoi ça te motive à rater une grasse mat et à débarquer chez moi à l'improviste, rétorque le jeune homme, un peu décontenancé par les bizarreries d'Adèle.

— C'est que j'en ai déjà rêvé la nuit d'avant.

— Comment ça ? Tu as fait deux fois le même rêve ?

— Non, les deux rêves se suivaient. Comme dans le livre. Et ça a redémarré où je m'étais arrêtée la nuit précédente.

— Tu es sûre ? Je n'ai jamais entendu ça, s'étonne Guillaume, plus intéressé.

— Ben oui, patate, si je te le dis !

— C'est étrange. Et il s'est passé quoi, dans ton rêve ?

— Mes rêves, il y en a plusieurs d'affilée, insiste-t-elle. S'il n'y en avait eu qu'un, je ne t'en parlerais pas. Ça n'aurait rien de bizarre.

— Raconte ! demande-t-il, impatient.

— Dans le premier rêve, j'étais au Louvre. Je me suis réveillée dans une chambre qui était complètement différente de la mienne et, quand j'ai regardé par la fenêtre, j'ai vu la Seine et des gens avec des charrettes, des chevaux. Ils étaient habillés avec des vêtements bizarres, j'ai compris que c'étaient des trucs de l'époque. Il y avait la foule devant le château, comme dans le livre, et, à ce moment-là, une fille est entrée dans la chambre. Elle était venue me chercher, moi ! C'est ma sœur dans le rêve, tu comprends ? Elle m'a amenée chez la reine Margot !

— Tu as vu la reine ?

— Oui, elle était exactement comme Alexis Dumas l'a décrite. La même robe, la tête, tout pareil !

— Alexandre.

— Quoi ? Ah oui, Alexandre Dumas ! Bref, reprend-elle, un peu agacée, le plus étrange est que j'ai croisé un garçon qui m'a dévisagée. Et, cette nuit, je l'ai revu.

— Qui ? Le garçon ou la reine ?

— Les deux : c'était encore la fête, mais plus tard, et Samuel, c'est comme ça qu'il s'appelle, m'a parlé. Il m'a donné son nom, et… sa famille a vraiment existé !

— Ça ne m'étonne pas, c'est un roman historique, il parle de personnes réelles.

— Sauf que Samuel n'est pas dans le livre ! J'ai tout relu, tu penses !

— Tu es sûre ? Ce n'est pas possible, tu as dû voir son nom quelque part…

— Mais non, pas du tout ! Je n'en ai jamais entendu parler, de ce gars.

— Comment s'appelle-t-il ?

— Samuel de La Noüe. J'ai cherché sur Internet et j'ai trouvé des traces de sa famille à La Rochelle, mais rien sur lui.

— Je ne sais pas quoi te dire. C'est vrai que ça ne semble pas normal, mais je ne suis pas psy…

— Ça va, oh, je suis pas dingo, j'ai pas besoin d'un psy !

— Tu sais, ils expliquent aussi le sens des rêves, se renfrogne-t-il tandis qu'Adèle se rappelle qu'il consulte un psychiatre depuis la mort de sa mère.

— Excuse-moi, ce n'est pas ce que je voulais dire, murmure-t-elle, confuse.

— C'est bon, c'est pas grave, je sais bien que je passe pour un fou auprès de tes copines. Tant que, toi, tu me fais confiance, ça ne me gêne pas. Si tu veux, je peux en parler à mon docteur, je le vois mardi. On verra bien si c'est normal ou pas, de faire un rêve qui se poursuit.

— Merci, Guillaume. Tu es trop gentil !

Elle n'imagine pas l'effet que cela a sur lui quand elle lui claque une grosse bise sur la joue.

— Bon, on fait quoi du coup ? Parce que là j'ai les crocs ! s'exclame Guillaume, tout rouge.

— J'ai déjà mangé, mais, si tu veux, je t'invite chez Mac Croc, fait Adèle, avec le sourire, je prendrai un Coca.

— OK, s'exclame Guillaume, content d'avoir retrouvé sa copine.

⚜
⚜ ⚜

Finalement, après leur petit déjeuner, les deux ados se dirigent vers chez Adèle. Guillaume se demande quel accueil il recevra, mais Catherine se dit très heureuse de le voir, « ce garçon sérieux ». Elle ne fait aucune remarque à sa fille sur le fait qu'elle a disparu pendant deux heures sans prévenir, comme si ça n'avait pas d'importance ! *C'est tout elle, ça,* se dit Adèle, *on ne sait jamais ce qu'elle pense, elle change d'avis comme de chemise.*

Ils passent la journée à regarder des films catastrophe, et le jeune homme se sent bien plus à l'aise que d'habitude. Pourtant, il n'ose pas se rapprocher d'Adèle sur le canapé. Et elle ne semble pas du tout perturbée par l'idée d'être affalée sur le canapé, seule avec lui. Comme s'il n'était pas vraiment un garçon de son âge. C'est elle qui pose sa tête sur son épaule, et il a l'impression qu'un monstre rugit dans sa poitrine ! Enfin ! Il tourne doucement la tête vers elle, sans savoir si elle est prête à l'embrasser et il s'aperçoit avec une immense déception qu'elle s'est endormie… *Évidemment,* pense-t-il, *elle n'a pas dormi de la nuit !* Quel idiot de s'être imaginé des trucs, encore une fois !

Quand le soir tombe, Adèle se réveille et elle se redresse, comme si de rien n'était.

— Zut, j'ai tout raté !

Tous les deux papotent un peu, puis Guillaume finit par dire qu'il va partir, au grand soulagement du père d'Adèle qui semble vouloir un peu de calme après avoir subi tout l'après-midi les hurlements des derniers survivants de leurs films sur la fin du monde.

Adèle qui a déjà des « yeux de lapin atteint de myxomatose », comme dit son père, laisse ses parents devant un de ces documentaires déprimant à mourir qui passent sur Arte, un reportage sur la guerre civile en Syrie. Elle est un peu anxieuse à l'idée d'aller se coucher. Impatiente aussi. Après-demain, Guillaume doit la rappeler pour lui dire si, oui ou non, elle est normale. Elle saisit son livre, hésite un instant puis renonce, gagnée par le sommeil. Elle ne sait pas si elle a envie ou non de replonger dans le décor de son livre. Mais elle a envie de revoir Samuel.

13

Autant de frères, autant d'amants !

Autour d'elle, des éclats de rire. Des cris sur sa gauche, des chuchotements à son oreille. Un parfum fort de rose et, dans sa main, une autre main, douce, celle de sa sœur.

— Adèle, as-tu vu cet homme qui te regarde ? Il est noir comme un corbeau, et pourtant ses cheveux sont d'or ! Tu as tapé dans l'œil d'un huguenot !

Adèle et Agnès sont au balcon, entourées de nombreuses autres personnes, et observent la foule qui se presse en contrebas. Le soir est tombé, et, en effet, au milieu des danseurs et des gourmands, un visage clair se lève vers elles : c'est Samuel. Il lui sourit, lui adresse un signe de la main qui semble dire « à bientôt » et s'en va. Adèle aimerait le rejoindre, mais elle est coincée là, et sa sœur la surveille. Elle observe un peu les gens et constate que les protestants, ou « huguenots » comme dit Agnès, et les catholiques se mélangent bien plus que le matin où chacun restait dans son coin. Sans doute l'alcool les a-t-il rapprochés, car elle en voit quelques-uns qui ont l'air soûls et même un autre qui vomit carrément dans un coin. Les danseurs sont de plus en plus échevelés, des dames portant le noir ont lâché leurs cheveux, qui dégringolent jusqu'à leur taille en cascades brillantes, des hommes en rouge sanglant ou en or flamboyant les mènent sur un rythme endiablé : cela ressemble plus à un rock qu'à un menuet à présent.

Quittant la cour du regard, Adèle se retourne vers Agnès qui chuchote avec une autre jeune femme, qui semble un peu plus âgée. Vêtue de carmin, elle a les cheveux d'un blond presque blanc, l'œil tout aussi clair et des lèvres d'un rouge profond. Malgré tout, elle a les traits encore ronds, et Adèle se rend compte qu'elle n'est peut-être pas beaucoup plus âgée qu'elle mais qu'elle se vieillit avec ce maquillage outrancier. Elle se glisse à leurs côtés, et sa sœur fait les présentations :

— Charlotte, voici ma sœur Adèle. Je ne sais pas si je vous ai déjà présentées ?

— Non, en effet. Vous êtes arrivée pour les noces, ma douce ?

— Euh… oui, répond Adèle en rougissant, étonnée par les manières de la belle jeune femme.

— Et vous vous amusez bien ?

— Ou… oui, je… je danse.

— Qu'elle est mignonne ! J'imagine que vous ne connaissez rien à la cour alors ? L'avez-vous formée, tendre Agnès ?

— Si peu… Je ne suis moi-même ici que depuis quelques semaines.

— Bien, alors je vais vous déniaiser… si je puis dire ! s'amuse Charlotte, avec un rire de gorge, exagéré comme le reste de sa personne. Nous allons jouer aux devinettes. Par exemple, voyez-vous cet homme aux cheveux bruns qui couve Margot du regard ?

— Il lui ressemble, ce ne serait pas son frère ? hasarde Agnès.

— Son frère, oui. Et son amant aussi : c'est le duc d'Anjou. Un point pour Agnès. À vous, Adèle, dites-moi qui est ce jeune homme aux mains délicates, qui sent si bon et qui la couve lui aussi du regard ?

— Son amant ?

— Eh oui, mais c'est aussi son frère, le duc d'Alençon ! Un point aussi pour vous !

— Vous voulez dire que…

— Qu'ils couchent ensemble ? Eh oui, bien sûr !

— Quelle horreur !

— Qu'elle est mignonne décidément ! rit Charlotte, se moquant d'elle. Venez, Agnès, allons voir si Henri de Navarre est dans les parages.

— Ne sera-t-il pas avec sa cour d'hommes en noir ? hasarde sa sœur.

— À cette heure-ci, il a autant bu que les autres ; il ne s'intéresse plus aux habits de ses amis mais aux belles robes claires des filles comme nous ! s'exclame la jeune femme, en gonflant sa poitrine de façon assez vulgaire, entraînant Agnès à sa suite sans se soucier d'Adèle.

Celle-ci considère avec le plus grand dégoût cette Margot qui possède un mari et trois amants. Dont deux de ses frères ! Elle qui est gênée quand Nicolas et Jules la serrent dans leurs bras d'un peu près…

Et elle est toute triste de s'être fait planter là, en passant pour une idiote qui plus est. Avec la foule qui occupe le balcon, elle ne voit même plus la belle robe vert amande de sa sœur. Elle est déçue qu'Agnès l'ait laissée tomber aussi facilement. Elle a l'air gentille pourtant, elle est finalement aussi influençable que Juliette quand elle est avec Maëva. Alors elle décide de poursuivre sa visite des lieux, elle est loin d'avoir tout vu la dernière fois. Ce palais est immense ! Après tout, elle ne va pas rester là comme une imbécile !

Avançant dans une grande salle toute en longueur, tendue de belles tapisseries présentant des scènes champêtres, elle passe devant un grand miroir et s'émerveille de sa propre image. Elle n'avait même pas remarqué qu'elle portait une autre robe : c'est pourtant logique, ce doit être le lendemain. Celle-ci est comme fendue le long des manches, et la jupe de satin s'ouvre sur un deuxième tissu, plus épais. Sous le corsage et la jupe d'un bleu roi très vif, il est d'un blanc éclatant qui contraste avec l'azur et le brun-roux de ses cheveux. Elle se dit qu'ils sont mis en valeur par cette couleur et qu'elle devrait en porter plus souvent. Elle n'aura sans doute jamais l'occasion de revêtir une aussi belle robe dans la vie réelle, mais elle peut trouver des tee-shirts de cette teinte. *Ce serait agréable de s'habiller toujours aussi élégamment !* Elle est serrée dans son vêtement, mais elle se trouve si belle qu'elle est prête à supporter son corset.

Plus loin, elle finit par retrouver Agnès et Charlotte : elles minaudent devant un homme d'une vingtaine d'années, au visage un peu bourru, quoique séduisant, dans le genre ours. Charlotte le colle de près, lui mettant son décolleté sous le nez, ce qui semble intéresser vivement le jeune homme. Adèle se rappelle la description faite par Alexandre Dumas dans son roman : « [...] un jeune homme de dix-neuf ans, l'œil fin, aux cheveux noirs coupés très court, aux sourcils épais, au nez recourbé comme un bec d'aigle, au sourire narquois, à la moustache et à la barbe naissantes. » Elle comprend qu'il s'agit d'Henri de Navarre, le futur Henri IV. Se remémorant ses recherches sur Internet, elle repense à son étrange destin : après que Catherine de Médicis a fait tuer sa propre mère, par son parfumeur empoisonneur, il a dû épouser la fille de Catherine, Marguerite, et abandonner le protestantisme pour se convertir au catholicisme. Ce qu'il ne sait pas, c'est qu'il va régner un jour, quand les rois, ses cousins Charles IX et Henri III, seront morts sans descendance. Et qu'il épousera une autre femme que Margot.

Adèle aimerait apprendre ça au collège, car ces histoires de princes, de princesses et de complots l'ont vraiment intéressée. L'histoire est une des seules matières qui lui plaise vraiment. Elle y obtient de bonnes notes. Mais, l'an passé, ils n'ont étudié que le XVIIe siècle et la vie d'Henri IV quand il est devenu roi, pas le XVIe parce que la prof est partie en congé maternité et que personne ne l'a remplacée. Du coup, elle ne connaît pas ce qui s'est passé à l'époque de Charles IX, les guerres de Religion, la Saint-Barthélemy, tout ça…

Au moment où elle se tourne de nouveau vers le « jeune » marié, des mains chaudes et douces se posent sur ses yeux.

— Qui est-ce ?

— Sa… Samuel ?

— Eh oui ! s'exclame-t-il, ravi de son tour. Je te cherchais.

— Ce n'est pas vrai, tu es parti quand je t'ai salué dans la cour, tout à l'heure !

— Je cherchais juste à te rejoindre à l'étage : ce palais est un vrai labyrinthe. Je me suis perdu.

— Ça a l'air très grand en effet. On va visiter ensemble ?

— Oui-da, mais nous risquons de nous égarer de nouveau, je ne connais pas bien les lieux. Chez moi, c'est beaucoup plus petit.

— Tu n'habites pas un château ?

— Oh non, juste une maison ! C'est grand, hein, avec deux étages et beaucoup de pièces. Mais pas un bâtiment de cette taille.

— C'est à La Rochelle, c'est ça ?

— Oui, près du port. J'aimerais bien t'y amener. Ils sont en train de construire un grand hôtel de ville, tout en pierres blanches, près de chez nous.

— Tu as des frères et sœurs ?

— Des sœurs, oui. Elles sont toutes plus jeunes que toi ; je suis le seul garçon pour le moment, mais ma mère attend un petit pour la Noël, si tout va bien. Et toi ?

— J'ai deux grands frères. Mais pas de sœur.

— Je croyais que la fille qui t'accompagnait était ta sœur ?

— Agnès, oui, si, mais euh… j'en ai pas d'autre qu'elle, s'embrouille Adèle.

— Tu es drôle ! Mais j'aime bien être avec toi.

Tout en discutant, les deux adolescents ont traversé la grande pièce où se pressait la famille royale et ils se sont dirigés vers une galerie plus à l'écart, où seuls quelques gentilshommes assez âgés discutent avec gravité. Certains les regardent avec un air d'étonnement.

— Pourquoi est-ce qu'ils nous matent comme ça ? s'écrie Adèle.

— « Matent comme ça » ? répète Samuel sans comprendre.

— Euh... je voulais dire : pourquoi ils nous regardent ainsi ? se reprend-elle.

— Ils doivent être surpris de voir une si belle jeune fille en couleurs avec un corbeau comme moi.

— Ça te gêne ?

— Oh non, pas du tout ! Je suis honorée que tu te promènes à mes côtés. Et toi ?

— Je... je me sens bien avec toi.

Samuel sourit à Adèle, et elle fond : il est beau, il l'aime bien, c'est un rêve merveilleux. Et, contrairement aux rêves habituels, elle sent qu'il va se poursuivre. Malgré son angoisse à l'idée d'être folle, elle doit avouer que passer plus de temps avec Samuel est quand même très sympa. Elle se sent aussi à l'aise qu'avec Guillaume, sauf que son ami imaginaire est bien plus séduisant.

— Adèle ! crie soudain une femme à l'autre bout de la galerie, interrompant ses pensées si agréables. Que fais-tu là ?

S'approchant vivement, dans un bruit de soie froissée et de dentelles, arrive la mère d'Adèle, l'air furax. *Ça va mal se passer…*

— Tu n'es pas censée être avec ta sœur ?

— Eh bien… si, mais elle m'a laissée pour partir avec Charlotte, annonce Adèle, dénonçant sa sœur sans vergogne.

Elle n'avait qu'à pas m'abandonner.

— Charlotte ? Charlotte de Sauve ? interroge son dragon de mère.

— Oui, sans doute.

— Et tu erres dans le palais toute seule ? demande-t-elle sèchement, sans un regard pour Samuel.

— Je lui tenais compagnie, Madame, pour qu'elle ne s'égare pas, intervient le jeune homme avec courage.

— Je ne sais pas à qui j'ai l'honneur de parler, renifle la mère d'Adèle avec mépris.

— Samuel de la Noüe, pour vous servir.

— Vous êtes le fils du sieur Étienne, n'est-ce pas ? C'est un vassal de mon mari, explique la dame en s'adoucissant.

Visiblement, c'est un parti potentiel.

— Je ne savais pas que votre famille avait choisi la nouvelle religion, poursuit-elle.

— Mon père s'est converti lors de ses épousailles avec Madame ma mère.

— Tiens donc ! Eh bien, je suis ravie de vous avoir rencontré. Adèle, suis-moi maintenant.

Avec un sourire d'excuse, Adèle s'empresse de suivre sa mère, qui l'entraîne dans une antichambre, où plusieurs dames entourent une femme habillée tout en noir, tenant un lévrier nain entre les bras. Voyant Adèle et sa mère entrer, la femme relève les yeux, qu'elle a perçants. Le petit chien profite du moment d'inattention de sa maîtresse pour chiper le macaron qu'elle tient dans la main. Cela fait rire Adèle et provoque un sourire de la part de…

— Madame la reine mère, Catherine de Médicis, lui souffle sa mère à l'oreille, je vais te présenter.

— Que m'amenez-vous là, ma chère Marie ?

— Ma fille cadette, Madame, répond sa mère en faisant une courbette, tout en tirant Adèle par la manche afin qu'elle fasse de même.

— Qu'elle est belle ! La marierez-vous bientôt ?

— Oui, Madame, quand ma fille aînée aura elle-même convolé.

— Mariez-la à un huguenot alors : c'est ce que j'ai fait avec la mienne !

— Eh bien, elle a déjà un prétendant en noir ! rit Marie. Le fils du sieur de la Noüe.

— Excellent parti ! Prions pour qu'il ne lui arrive rien d'ici au printemps, dit alors la reine mère avec un sourire cruel.

Glacée d'effroi, Adèle a la nette impression que cette femme ne veut aucun bien à son nouvel ami.

14

Disputes

— Debout, Adèle, dépêche-toi !

La jeune fille ouvre un œil, un peu perdue : ce n'est pas Catherine de Médicis mais Catherine sa mère qui la houspille. Elle quitte à regret son monde de rêve, quoiqu'il soit plus rassurant d'être dans son lit que sous l'œil sévère de la terrible reine mère.

— Mais, maman, j'ai pas école…

— Oui, mais ton père et moi, on a quelques consignes à te donner pour les vacances, alors tu viens prendre ton petit déjeuner avec nous.

Le ton de sa mère est si sec qu'Adèle comprend qu'il ne sert à rien de discuter. Elle voudrait lui faire un bisou pour lui dire bonjour, mais Catherine est déjà partie. Adèle s'habille rapidement : elle cherche du bleu roi dans ses habits et trouve un pull en laine tricotée par sa mamie. Elle l'enfile, ça gratte un peu, mais elle aime bien : le pull sent comme sa grand-mère, une odeur de poussière et de vanille mélangées. Elle brosse ses cheveux avec soin et se trouve vraiment jolie, pour une fois.

— Qu'est-ce que c'est que cette antiquité ? s'écrie sa mère, en la voyant arriver dans la cuisine.

— Mais… c'est un pull que m'a fait mamie !

— Tu ne crois pas que tu es un peu grande pour porter des pulls tricotés ?

— Pourquoi ?

— Ce n'est pas très élégant. Tu es une jeune fille à présent, il faut prendre soin de ta tenue.

— Mais, justement, je trouve que ce bleu me va bien.

— Parce que tu sais quelle couleur te va le mieux au teint, maintenant ? Toi qui t'habilles depuis des mois avec des sacs à patates ! fait remarquer Catherine.

— Tu n'as qu'à m'acheter plus de vêtements. De toute façon, je n'ai le droit de m'habiller que comme tu veux, toi !

— Eh bien nous irons faire les boutiques samedi. Justement, nous voulions vérifier ton emploi du temps avec ton père. Marc, tu es avec nous ? interroge Catherine, tirant son mari de son journal.

C'est comme s'il ne nous avait pas entendues jusque-là, il s'en fiche qu'elle me parle mal, qu'elle se moque de moi.

— Hum, oui ! Alors, que comptes-tu faire de tes vacances ?

— Euh… je pensais inviter Anila à déjeuner demain, annonce Adèle.

Sauf que c'est Juliette que je vais inviter, parce qu'il faut que je la voie pour lui raconter tout ça de vive voix.

— D'accord, je passerai vous prendre des plats chez le traiteur ce soir. Elle pourra t'aider un peu en maths.

— Mais je m'en sors, en maths !

— Ça, on verra avec le bulletin, rétorque Catherine. On ne devrait pas l'avoir déjà reçu, d'ailleurs ?

— Il va arriver aujourd'hui ou demain, soupire Adèle.

Si je le subtilise avant leur retour, je pourrais peut-être dire qu'il s'est perdu ?

— Et, sinon, qu'as-tu prévu d'autre ? demande son père, qui fait semblant de s'intéresser à la situation tout en lorgnant vers son journal.

— Euh… je dois aller au CIO pour voir la conseillère d'orientation.

— Bonne idée ! Si elle trouve les mots pour que tu te mettes au travail, ça me va ! répond sa mère sèchement.

— Pourquoi est-ce que tu me grondes comme ça ? Je n'ai rien fait !

— Justement, tu ne fais rien de constructif si ce n'est de rester devant un écran, tu as passé ta journée d'hier devant la télé, tu étais au cinéma samedi et le reste du temps tu es devant ton ordinateur.

— C'est même pas vrai, j'ai lu mon livre aussi !

— Ne réponds pas à ta mère, Adèle !

— Mais, papa, elle…

— Pas de discussion.

Le ton sans appel de son père dissuade la jeune fille de poursuivre dans cette voie. Elle a tellement entendu ses parents se disputer avec ses frères qu'elle sait bien quand il est inutile de persister. De fait, ça ne sert jamais à grand-chose d'essayer de discuter avec eux : ils ne l'entendent pas, ne la voient pas vraiment, ils croient qu'elle est une fille un peu bête, pas très belle, qu'il faut dresser plutôt qu'élever. Soudain, elle pense à Samuel. Lui au moins la fait se sentir belle et intéressante.

⚜
⚜ ⚜

Quand ses parents quittent enfin la maison, Adèle se précipite sur le téléphone pour appeler Juliette qui est ravie d'être invitée le lendemain.

— Tu ne veux pas en parler à Maëva aussi ? demande-t-elle.

— Non, je voudrais te parler seul à seul... Ça ne t'embête pas ?

— Oh, ça ira pour cette fois, pas de souci ! répond Juliette en riant. Mais Adèle comprend qu'elle est déçue.

Elle est plus copine avec Maëva qu'avec moi, maintenant.

Après cela, elle passe sa matinée à glandouiller, regardant des séries sans intérêt. Elle ne se replonge pas dans *La Reine Margot* cependant, car repenser à son rêve la met un peu mal à l'aise : entre l'idée qu'elle est peut-être en train de devenir folle et le plaisir qu'elle prend à vivre ces événements comme s'ils étaient vrais, elle ne sait plus trop où elle en est. Après avoir engouffré une boîte de raviolis devant le dernier épisode de *Violetta*, elle se prépare pour aller au CIO. Elle veut y aller tôt pour rentrer avant ses parents, dans l'espoir d'intercepter son bulletin de notes.

Elle prend le bus jusqu'au marché, avant de s'apercevoir que cela n'est pas très loin à pied et qu'elle aurait pu économiser un ticket. Elle passe s'acheter un tee-shirt avec le porte-monnaie qui lui sert à payer ses repas. Elle le prend bleu bien sûr : comme ça, elle l'aura, même si sa mère se moque d'elle. En sortant du magasin, elle se dirige vers la médiathèque et juste en face elle trouve le CIO.

Entrant dans le bâtiment un peu délabré, elle demande Mme Gosselin à l'accueil. Celle-ci est déjà en rendez-vous, et la secrétaire fait patienter la jeune fille dans le hall, au milieu des dossiers Onisep sur les mille métiers qui existent. Adèle regarde les brochures d'un œil distrait et consulte la carte des lycées du secteur : elle veut aller à Aristide-Briand, comme ses copines. Sauf Maëva, qui fera coiffure au lycée Boulloche. L'attente risque d'être longue. Heureusement, elle a pris son roman et se plonge dans la lecture avec un plaisir bien plus grand qu'elle ne l'aurait imaginé il y a quatre jours. Finalement, un garçon brun de son âge sort du bureau, et c'est son tour. Adèle a l'impression d'avoir attendu trois heures. Elle en est à la fin des noces, le roi parle d'aller dans son château d'Amboise, avec Ronsard. Adèle est fière de se rappeler le nom du poète, dont elle a étudié un sonnet l'an dernier. Elle se rappelle même du premier vers :

« Heureux qui comme Ulysse a fait un beau voyage… »

À moins que ce ne soit Du Bellay ? Elle se rappelle surtout de la chanson de Ridan, en fait. Elle ferme son livre et suit la secrétaire jusqu'au bureau de Mme Gosselin.

— Ah, bonjour, Adèle ! la salue la conseillère d'orientation avec chaleur. Assieds-toi.

C'est une femme avenante et pleine de bonne humeur : elle a des mèches roses, bleues et vertes dans ses cheveux noirs. Elle lui a dit la dernière fois qu'elle avait volé des mèches à un petit poney, et ça a fait rire Adèle. Elle porte des robes psychédéliques et des colliers rigolos en plastique. Au collège, elle raconte plein de bêtises avec ses copines, deux profs de français qu'Adèle n'a jamais eues en cours.

Elle l'a vu aussi se marrer avec son propre prof… Pourtant elle ne le trouve pas très rigolo, elle.

— Alors, je te manquais déjà ? lui demande-t-elle en riant.

— Oui, surtout que M. Gérard m'a dit de venir vous voir.

— Il est bien, ce M. Gérard ! Alors, pourquoi es-tu là ?

— Ben, mes parents et les profs, ils disent que je ne travaille pas assez.

— Et toi, tu en dis quoi ?

— Que… je ne sais pas.

— Tu es sûre que tu ne sais pas ?

— Oui, je suis sûre. Je ne sais pas si je travaille assez ou pas. Surtout, je ne sais pas pourquoi je dois travailler. Alors c'est dur de travailler plus. Vous comprenez ? tente d'expliquer Adèle tandis qu'une grosse boule d'angoisse lui remonte du ventre vers la poitrine.

— Oui, je comprends bien. Je regarde tes notes et je vois que tu travaillais plutôt bien en sixième et en cinquième. Tu as perdu l'envie quand ?

— Je sais pas… À la rentrée.

— Il y a quelque chose qui a changé ?

— Je ne suis plus avec ma meilleure copine, Juliette, dit Adèle, avec la boule qui devient plus dure dans sa gorge. Et elle s'est disputée avec mon meilleur copain.

— Ah ben ça, je comprends que ce soit compliqué alors ! Tu dois être coincée entre les deux. Et sinon ça se passe bien à la maison ?

— Mouais.

— Ouais oui ou ouais non ?

— Ouais non. Je… Ma mamie est morte, dit alors Adèle, au bord des larmes.

— Oh, je suis désolée pour toi, lui dit alors Mme Gosselin d'un air réellement peiné. Cela fait longtemps que c'est arrivé ?

— C'était il y a six mois.

— Ça fait beaucoup pour une jeune fille comme toi, tout ça.

Adèle éclate alors en sanglots, elle prend conscience que c'est en effet trop pour elle, tout ça, et elle craque. Mme Gosselin la rassure doucement, et elles parlent beaucoup, longtemps, si longtemps que la jeune fille s'aperçoit que l'après-midi est passé en voyant le ciel s'assombrir au dehors.

— Hou là là, mais il fait déjà nuit !

— Oui, il est 18 heures. Il faut que tu rentres ? Tes parents t'attendent ?

— Oh non, ils rentrent toujours très tard !

— Tu es toute seule à la maison alors ?

— Oui.

— Bon allez, je te ramène, j'ai fini ma journée aussi.

— Je suis désolée, je vous ai mis en retard ?

— Oh non, penses-tu ! Allez, en voiture, mademoiselle Adèle !

Arrivées devant chez la jeune fille dans la vieille 4L jaune citron de la conseillère, elles constatent que la lumière est allumée : Adèle frémit, elle espère que le bulletin n'est pas arrivé parce qu'elle n'a pas eu le temps de l'intercepter. Ça doit se voir sur sa tête parce que Mme Gosselin la regarde par en-dessous.

— Ça ne va pas ?

— Si, si…, enfin non. Le bulletin arrivait aujourd'hui, et je n'ai pas tout dit à mes parents.

— Hum ! Là, je ne peux pas grand-chose pour toi. Il va falloir que tu leur expliques ce que tu as décidé pour la suite, en termes de travail. Tout ce qu'on a dit cet après-midi.

— Oui, je vais travailler plus, faire le devoir de français que M. Gérard m'a donné et augmenter ma moyenne de deux points pour Noël.

— Très bien, tu leur dis ça, et ça devrait aller mieux. Allez, courage et à très bientôt ! Reviens me voir si tu as besoin !

⚜
⚜ ⚜

Quand elle entre dans le salon, elle a la surprise de trouver ses deux parents qui l'attendent, l'air très fâché. Sur la table basse, il y a le bulletin étalé, bien visible. Elle ne pensait pas qu'ils rentreraient si tôt. Elle va leur expliquer ce qu'elle a prévu avec la conseillère, ils verront qu'elle est prête à faire des efforts sérieux.

— Alors, où étais-tu ?

— Je… Au CIO. Comme je vous l'avais dit, répond Adèle d'une petite voix.

— Permets-nous de douter de ce que tu dis, attaque directement sa mère. Il y a dans ce bulletin au moins une demi-douzaine de notes dont tu ne nous as jamais parlé !

— Oui, mais… euh…, bredouille la petite.

— Et ton professeur de français a noté que tu avais refusé de rendre un devoir maison qui était censé te permettre de compenser le 4 que tu as eu, poursuit-elle, avec colère.

— Je... je ne savais pas comment faire, balbutie la jeune fille.

— Tu aurais pu demander de l'aide, tout simplement !

— Mais quand ? se révolte soudain Adèle. Vous n'êtes jamais là !

— Nous sommes là, ce soir ; ne noircis pas le tableau, rétorque son père, vexé.

— Bien, ne discutons pas plus longtemps. Voilà, avec ton père, nous avons décidé d'une chose : tu vas suivre des cours de soutien. On a choisi les matières : français, mathématiques, histoire-géographie. Et tu commenceras mercredi, tout est organisé : trois heures le matin, de 9 heures à midi.

— Quoi ? s'étrangle Adèle. Mais ce sont les vacances ! Je ne vais pas me lever tous les matins aux aurores ! Pourquoi vous me punissez ?

— Cela n'a rien d'une punition, nous faisons en sorte que ton avenir soit assuré par ton travail scolaire et nous sommes prêts à dépenser des fortunes pour ça. Ces cours ne sont pas gratuits, loin de là ! explique son père, d'un ton plus gentil mais tout aussi sérieux.

— Et puis tu n'as qu'à mieux travailler à l'école. La quatrième, c'est important. Pas la peine de discuter.

— Mais je... j'ai vu avec Mme Gosselin cet après-midi, on a déjà fait un plan de travail, je... Faites-moi confiance ! s'écrie Adèle, désespérée.

— Te faire confiance ? Alors que tu nous as caché la moitié de tes notes ? crie sa mère.

— Allez, ça suffit pour ce soir. Va dans ta chambre, je t'apporterai ton dîner, conclut son père.

Adèle claque la porte avec rage puis s'écroule sur son lit, assommée. Plein de mots sont coincés dans sa gorge. Ils ne comprennent rien, et surtout... surtout ils ne l'écoutent pas. La jeune fille a de nouveau des larmes plein les yeux et, pour la deuxième fois de la journée, elle pleure à gros sanglots. Finalement, épuisée, elle s'endort sur son oreiller mouillé de larmes. Quand son père lui apporte son repas, il la trouve ainsi et la couvre avec sa couette, doucement. Il l'embrasse, mais elle ne s'en aperçoit pas, elle est déjà partie dans son rêve, quatre siècles et demi en arrière. Les jours passent et Adèle rêve une fois de plus du mois d'août 1572.

15

Ce drôle de frisson

C'est le troisième jour des noces, et le palais du Louvre est encore à la fête.

> « La même fusion continue de s'opérer entre les deux partis. Ce sont des caresses et des attendrissements à faire perdre la tête aux plus enragés huguenots. »

Partout, les gens dansent, rient, s'amusent, et il y en a beaucoup qui s'embrassent, ce qui étonne Adèle : elle n'a jamais vu autant de corps échevelés ni de couples tendrement enlacés. En fait, c'est exactement comme si elle était dans une de ces fêtes de lycéens dont lui a parlé Maëva, qui a déjà eu la chance d'y être invitée.

Adèle, corsetée dans une robe encore plus belle que les deux précédentes, d'un rose se dégradant jusqu'au noir sur le bas de la jupe et au bout des manches, est au centre de la cour qu'elle observait hier du balcon, entourée de danseurs. Elle a une assiette à la main, couverte de petits choux à la crème roses et violets, avec des billes de sucre en argent pour les décorer. Agnès tient, quant à elle, une autre assiette, où s'entassent des tartelettes aux cerises rouges comme des baisers, brillantes de sucre.

Tout en croquant dans ces délicieuses pâtisseries, Adèle écoute sa sœur qui lui donne quelques nouvelles :

— Regarde, lui dit-elle, avec un air de conspiratrice, désignant Henri de Navarre riant avec un autre homme un peu plus loin. Le roi Charles paraît avoir fait divorce de sa mélancolie habituelle, il ne peut plus se passer de son beau-frère, Henri.

— Le roi Charles ?

— Eh oui, qui d'autre ?

Adèle essaie de ne pas montrer qu'elle découvre le roi pour la première fois : lors des noces, elle n'avait vu que son dos, et, les autres jours, il n'était pas avec ses frères autour de Margot. Il a le teint jaune, cireux, comme s'il était malade.

— Il n'a pas l'air très en forme, si ?

— Non, tu as raison, il semble malade : regarde comme il transpire, il ne fait pourtant pas si chaud. Je me demande s'il aura le temps de prendre femme et d'avoir un héritier.

— Bah, il est jeune !

— Pas tant que ça ! Il a déjà vingt-quatre ans.

— Mais… ce n'est pas vieux tout de même.

— Il en est déjà à la moitié de sa vie, tu te rends pas compte ?

— Mais les gens ne meurent pas à cinquante ans. Regarde mamie, par exemple !

— Mamie ? Mais de qui parles-tu ?

— Ben de ma grand-mère.

— La mère de Père est morte en couches et celle de Mère avant ta naissance ! Tu es folle, mon Adèle, mais tu es drôle !

Adèle pique une tartelette à sa sœur après avoir dévoré tous ses petits choux. Cela lui donne une contenance, parce qu'elle a les larmes aux yeux en pensant que sa mamie n'existe pas dans ce monde. Enfin, dans son rêve.

— Mais quelle gourmande ! Tu n'as donc pas mangé depuis trois jours ?

— J'ai faim, tu ne peux pas imaginer, répond Adèle qui a sauté son dîner. Et j'ai soif : rapprochons-nous de la table. Tu veux bien ?

— Oui-da. Veux-tu du vin doux ?

— Oh tiens, allez, je n'en ai jamais bu, je peux bien essayer !

— Fais attention, ça monte vite à la tête quand on n'est pas habitué.

— Parce que tu l'es, toi ?

— Je suis ici depuis près d'un an, ma belle, et j'ai eu le temps de me faire aux mœurs de la cour. Je peux te dire que tu commets les deux erreurs que j'ai faites avant toi. Manger trop de gâteaux va t'obliger à faire agrandir tous tes corsets, et Père te grondera pour cette dépense. Boire du vin te fera vomir et gâter tes robes, que tu devras faire nettoyer par les lavandières de Mère. Elle te grondera aussi, et tu seras bien embêtée.

— Je ne vais pas boire jusqu'à être malade !

— Je te conseille de ne pas prendre d'autre verre, alors. Tiens, voilà ton prince charmant, je te laisse avec lui.

Fendant la foule, le visage souriant de Samuel réjouit Adèle. Soudain, elle se dit qu'elle est peut-être en train de tomber amoureuse. Est-ce que c'est cela, l'amour ? Cette envie d'être avec lui le plus possible ? Cette sensation que rien ne peut être plus agréable ? Ce drôle de frisson quand elle imagine qu'il va prendre sa main ? C'est ce qu'il fait dès qu'il est à côté d'elle, et son regard est éloquent : il ressent la même chose qu'elle. Adèle a envie de rire et de crier sa joie : elle est amoureuse et elle est aimée en retour. C'est la première fois. *Enfin, peut-être. Faut pas s'emballer, il vaut mieux le laisser venir. C'est une des leçons de Maëva.*

— Veux-tu danser ? Ou préfères-tu une promenade ?

— Une promenade me dirait bien, j'ai mangé toute une assiette de gâteaux et je me sens trop lourde pour danser.

— Ça se voit.

— Que je suis lourde ? s'exclame Adèle, vexée.

— Mais non ! Tu es sans aucun doute légère comme une plume. Mais ça se voit que tu as mangé des gâteaux… Tu as un peu de meringue au coin des lèvres. Je peux te l'enlever, si tu veux, ajoute-t-il avec un sourire coquin.

— Oui…

Le baiser de Samuel est doux et chaud. Rapide surtout, trop rapide.

— Oh ! s'exclame Adèle, étonnée et ravie.

Samuel la regarde, souriant. *Plus de doute, il est amoureux aussi.*

S'éloignant de la foule, les deux jeunes gens s'assoient sur un banc de bois ouvragé, dans une pièce moins peuplée. Adèle n'a qu'un désir : que Samuel l'embrasse encore. Être aussi proche de lui, lui tenir la main, cela lui donne une folle envie de se blottir dans ses bras. Mais le jeune homme semble trouver plus convenable de garder ses distances. Ils regardent autour d'eux, paisiblement. Des couples passent en discutant, il y a quelques tables de jeux dans un coin, mais elles sont inoccupées. Des enfants passent en courant, ils sont habillés comme leurs parents, avec des pourpoints de velours pour les garçons et des robes longues pour les filles. *Cela ne doit pas être pratique pour monter dans les arbres. Mais sans doute qu'elles ne grimpent pas dans les chênes, ici !*

— Tu dois te sentir tout seul ici, sans ta famille.

— En effet, c'est dur. C'est pour ça que j'ai envie de passer du temps avec toi : tu es la seule personne qui me donne l'impression d'être un peu chez moi dans ce château.

— Et l'homme avec qui tu parlais quand je t'ai vu, la première fois ?

— C'est un ami de mon père, je ne le connais pas vraiment. Et il est triste à mourir ! Il ne fait que me répéter que ces noces sont un piège, que nous sommes entrés dans la gueule du loup et qu'il nous faudrait quitter Paris au plus vite. D'ailleurs, il part ce soir.

— Tu ne vas pas avec lui, au moins ?

— J'hésitais ; mais je préfère rester quelques jours de plus. Je n'ai pas très envie de te quitter aussi vite. Et un autre ami de la famille m'a proposé de faire la route avec lui jusqu'à La Rochelle.

— Ce n'est pas trop loin ?

— Quand on est bon cavalier, ça va. Et c'est mon cas ! s'exclame Samuel, fier de lui. Et puis mon père m'a laissé une bourse pleine de beaux écus d'or pour payer mon trajet : je pourrai changer de cheval autant que je voudrai.

Des « écus d'or » ? Ce doit être leur monnaie. Elle sourit, pensant à sa grand-mère qui parlait en anciens francs.

— Tu te moques de moi, demande Samuel, peiné. Tu penses que je me vante ?

— Mais non, pas du tout ! Je pensais à ma grand-mère !

— Je te fais penser à ta grand-mère, sourit alors Samuel. Elle est gentille ? Tu l'aimes beaucoup ?

— Elle est morte, hélas. Mais je l'aimais beaucoup oui, elle était très douce. Enfin, la plupart du temps.

— Comment ça ?

— Eh bien, quand mon grand-père est mort, elle s'est retrouvée seule dans sa grande maison et…

— Elle n'habitait pas avec vous ? C'est bizarre !

— Elle est venue vivre avec nous après, mais elle a été seule un moment et donc, pour se défendre, elle avait… une hache sous son lit.

— Une vraie hache ?

— Oui, oui, elle me l'a montrée !

— Dis donc, si tu as hérité de son caractère, je dois me méfier, non ?

Ils rient tous les deux, et Adèle se sent follement bien, mieux qu'elle ne l'a été depuis l'enterrement de mamie. Mais son rire s'étrangle dans sa gorge. Et si c'était ça en fait, si la mort de sa grand-mère l'avait rendue folle ? Personne ne rêve ainsi, tout a l'air si réel.

Elle se réveille en sursaut, tremblante, affolée.

16

Une rancune tenace

— Alors ? demande-t-elle, hurlant presque dans le combiné.

— Minute papillon, c'est compliqué, lui répond Guillaume.

— Comment ça : « compliqué » ? Je suis folle, oui ou non ?

— Tu n'es pas folle ! Le psy a dit que rêver, c'est normal.

— Eh ben voilà !

— Oui, mais..., poursuit Guillaume, embarrassé, rêver plusieurs fois de la même chose, je trouve ça quand même bizarre. Surtout quand ça se suit d'une fois sur l'autre.

— Je ne comprends rien, soupire Adèle, désemparée. Ton psy a dit que c'était normal...

— Écoute, je peux passer, là ?

— Euh…, hésite la jeune fille en pensant à Juliette qu'elle a invitée à déjeuner.

— OK, à tout de suite, dit son ami, prenant son hésitation pour un assentiment.

Adèle panique : elle est en pyjama, elle ne ressemble à rien, et il arrive. Elle court se doucher, en ressort comme une furie pour aller attraper son jean favori et son tee-shirt bleu, fraîchement acheté, se rue de nouveau dans la salle de bains et marque un temps d'arrêt devant le miroir. Pourquoi fait-elle tout ça ? Ce n'est que Guillaume après tout ! Elle se jette un peu d'eau froide sur le visage et finit de se préparer tranquillement.

Ce qui l'embête plus, c'est qu'il puisse croiser Juliette. Ils ne se sont pas parlé depuis… avant la mort de la maman de Guillaume. Juliette se moquait déjà de lui à l'époque et, quand c'est arrivé, elle n'a pas changé d'attitude. Le jeune garçon a eu du mal à accepter que son autre amie d'enfance réagisse ainsi. Malgré leurs différends, il attendait autre chose d'elle, une présence, ce qu'Adèle a su lui donner. Lui qui est si doux semble vouer une rancune tenace à son ancienne copine de bac à sable.

Adèle craint le pire, Juliette ne sait même pas qu'elle et Guillaume sont toujours copains. Elle va devoir se débrouiller pour le mettre dehors assez vite. Elle espère quand même qu'il ne sera pas vexé.

Ça sonne, elle court ouvrir.

— T'as fait vite !

— Je voulais te voir en pyjama, mais c'est raté !

— Une femme doit toujours se montrer sous son meilleur jour, monsieur !

— Une femme ! rigole Guillaume. Tu parles de qui ?

— Crétin ! Je ne sais pas si je vais te laisser entrer si tu te fiches de moi.

— Comme tu veux, ce n'est pas moi qui suis frappadingue…

— Quoi ? s'exclame-t-elle en se dirigeant vers le salon. Tu m'as dit que je n'étais pas folle !

— Mais non, je te charrie, dit le garçon en s'asseyant, j'ai tout raconté au psy, et il m'a rassuré. Pour Samuel, il dit que tu as dû lire son nom quelque part un jour et que tu l'as ressorti de ton inconscient.

— Je suis sûre que non !

— Je répète juste ce qu'il m'a dit, j'y connais rien. D'ailleurs, j'ai eu beau lui dire que c'était pour une copine, j'ai l'impression qu'il croit que c'est moi qui fais ces rêves. Il pense que je suis un peu fatigué et que je devrais faire attention à mes lectures. Par contre, il y a une chose pas claire dans ce que tu m'as dit, et le psy était intrigué.

—Comme quoi ?

—C'est pas possible que ton rêve se poursuive, il y a forcément des différences !

—Si, je t'assure, j'en ai encore rêvé cette nuit, c'était la quatrième fois… Et je peux te dire que c'était bien le même rêve. J'en suis au troisième jour de fête et chaque fois je retrouve Agnès et Samuel, même que…

Adèle s'interrompt, elle ne va quand même pas raconter à Guillaume qu'elle s'est fait embrasser dans son rêve !

—Quoi ? demande Guillaume, intrigué.

—Rien, je… j'ai même mangé des gâteaux et bu du vin.

—Eh ben, tu t'ennuies pas dans tes rêves !

—Justement, je m'y amuse beaucoup. En tout cas, plus que dans la vraie vie.

—Fais attention, Adèle : on ne peut pas vivre dans ses rêves.

Adèle s'apprête à protester, quand Juliette sonne à la porte.

— Merde ! s'écrie-t-elle. Euh… c'est Juliette. Tu veux la voir ou tu préfères sortir par-derrière ?

— Oh ça va, je suis pas un domestique ! Tu as honte de moi ?

— Mais non, c'est pour toi !

— Quoi, pour moi ? Tu crois qu'elle me fait peur ?

— Non, je pensais…

— Laisse tomber.

Guillaume va prendre son blouson dans le salon et se dirige vers la porte qui s'ouvre déjà sur Juliette.

— Ben quoi, tu m'avais pas entendue ? râle cette dernière.

Elle s'arrête net en voyant Guillaume. Puis elle regarde Adèle, un peu étonnée, puis se tourne de nouveau vers le garçon.

— Tu t'es perdu ?

— Non, j'ai été invité.

— Ah ouais, tu fais dans le social maintenant, Adèle ? demande la peste à son amie, dont le regard va de l'un à l'autre avec horreur.

— Pétasse, laisse-moi passer ! s'énerve Guillaume.

— « Pétasse » ? Tu m'insultes ? Pauvre tache, va, t'es nul de toute façon, j'en ai rien à faire de toi. Je suis juste déçue qu'Adèle te fréquente encore…

Estomaquée, Adèle ne dit rien. Elle est choquée, ne sachant comment réagir : pourquoi se montrent-ils aussi violents l'un envers l'autre ? Aussi grossiers ? Guillaume la regarde, la colère et la peine se mêlant dans son regard. Il ne comprend pas qu'elle n'intervienne pas, elle le voit bien, mais elle est paralysée.

— Ben quoi, tu dégages ou tu prends racine ? aboie Juliette.

Guillaume se dirige vers la porte quand Adèle finit par réagir. Elle ne peut pas le laisser partir comme ça, c'est injuste.

— Non, reste, je t'en prie, Guillaume. Tu veux manger avec nous ? Hein, Juliette, il va manger avec nous ?

— Qu… quoi ? s'étrangle Juliette.

— Ben oui, il peut rester, c'est chez moi ici.

La situation est tendue, Guillaume hésite à partir, Juliette hésite à se fâcher, Adèle hésite à s'enfuir. Finalement, quelques minutes plus tard, ils sont tous les trois dans la cuisine. Les deux ennemis se regardent en chiens de faïence, chacun sur un tabouret de bar, aussi loin que possible l'un de l'autre, tandis que leur hôtesse, un peu confuse, réchauffe les plats tout préparés que sa mère a laissés à leur intention dans le frigo. Ça a l'air bizarre : le gratin de tofu et d'aubergines semble mangeable, mais les pâtes à la spiruline sont d'un bleu un peu dégoûtant.

— T'as fait quoi ce week-end ? demande Juliette à Adèle, en jetant un œil soupçonneux à son assiette.

— Y avait ma tante Coraline.

— Celle qui t'oblige à jouer au Scrabble ?

— Ouais, mais elle est cool en fait, quand tu discutes avec elle. On est allées au ciné, avec Anila et elle, et elle nous a expliqué qu'elle avait participé au tournage de ce film-là !

— Ah ouais ? C'est extra ! s'intéresse soudain sa copine. Quel film ? Un truc avec des gens célèbres ?

— Un film historique de Bertrand Tavernier.

— Ma mère adore ce type... Moi, je trouve ça nul. Ça a dû être trop chiant !

— Qu'est-ce que tu en sais ? intervient Guillaume, qui a renoncé aux pâtes bleues. Tu ne l'as même pas vu.

— Oh toi, l'intello, ça va forcément te plaire, un film historique ! lui répond Juliette, du tac au tac.

— Parce que t'as jamais regardé *Shakespeare in Love* ? se moque-t-il.

— C'est pas pareil, c'est un film américain.

— Pff, débile !

— Hé, on arrête de s'engueuler tout de suite, gronde Adèle, sinon pas de dessert !

Le reste du repas se passe dans un calme relatif, Guillaume et Juliette ne s'adressant qu'à Adèle, comme si chacun était seul avec elle. Pas facile de tenir deux conversations, la jeune fille est au calvaire. Elle finit par craquer.

— C'est quoi, le problème entre vous ? J'en ai marre ! On était super copains tous les trois, avant. Qu'est-ce qui s'est passé ?

— On était copains à la préhistoire, ça date. C'est pas important, grommelle Juliette.

— Arrête, l'année dernière, ça se passait encore très bien, on avait promis qu'on resterait amis quoi qu'il se passe, et regarde le résultat ! s'insurge Adèle.

— Laisse tomber, Adèle, ça n'en vaut pas la peine, intervient Guillaume.

— Qui n'en vaut pas la peine ? demande Juliette, soudain au bord des larmes. Allez, c'est bon, je vous laisse !

Adèle n'a pas le temps de réagir que, déjà, elle entend la porte d'entrée claquer derrière son amie. Elle se tourne vers Guillaume :

— Il y a quelque chose que j'ai mal compris ou quoi ?

— Non..., je ne sais pas, lui répond-il, visiblement embarrassé.

— Allez, crache le morceau ! Qu'est-ce qui s'est passé entre vous ?

— Mais rien, je te jure !

— Menteur ! Tu l'as draguée, c'est ça ? Et elle t'a jetée, alors tu l'as pourrie et elle t'en veut.

— Moi ? La draguer, elle ? Oh, tu me soûles !

Et hop ! la porte claque une seconde fois sur son ami, parti en coup de vent, laissant Adèle seule et désemparée. Elle a envie de s'évader, de partir loin de ces disputes.

Son livre lui paraît le meilleur refuge, mais elle ne reprend pas sa lecture où elle l'a laissée, pressée qu'elle est d'avancer dans l'histoire. Elle saute quelques dizaines de pages, arrive à un chapitre nommé « Les massacrés ».

« […] ils virent l'hôtel entouré de Suisses, de soldats et de bourgeois en armes ; tous tenaient à la main droite ou des épées, ou des piques, ou des arquebuses, et quelques-uns, à la main gauche, des flambeaux qui répandaient sur cette scène un jour funèbre et vacillant, lequel, suivant le mouvement imprimé, s'épandait sur le pavé, montait le long des murailles ou flamboyait sur cette mer vivante où chaque arme jetait son éclair. Tout autour de l'hôtel et dans les rues Tirechappe, Étienne et Bertin-Poirée, l'œuvre terrible s'accomplissait. De longs cris se faisaient entendre, la mousqueterie pétillait, et de temps en temps quelque malheureux, à moitié nu, pâle, ensanglanté, passait, bondissant comme un daim poursuivi, dans un cercle de lumière funèbre où semblait s'agiter un monde de démons. »

Affolée par ce qu'elle découvre, ce récit de massacre dans les rues de Paris, juste devant le palais du Louvre, elle panique à l'idée que Samuel ait pu être victime de la tuerie. Elle allume son ordinateur et cherche des réponses sur Internet. Elle découvre, avec horreur, la description de la Saint-Barthélemy et comprend qui étaient ces hommes et ces femmes sacrifiés. Elle regarde un extrait du film qui a été fait à partir du livre.

Massacre de la Saint-Barthélemy (Anonyme)

Trois mille protestants tués par les catholiques dans la seule ville de Paris, des milliers d'autres dans les semaines qui ont suivi, partout en France. Les efforts de Catherine de Médicis pour obtenir la paix, réduits à néant, à cause du clan des De Guise, favorables à la guerre et très populaires auprès des Parisiens. Le sacrifice de milliers d'hommes et de femmes pour des enjeux politiques. Et des guerres qui ont duré encore près de trente ans après la Saint-Barthélemy. Adèle ne comprend pas que cela soit possible, que de tels massacres soient perpétrés juste pour obtenir le pouvoir.

Quand ses parents rentrent, tard, elle veut leur poser des questions à propos de ce qu'elle a découvert, mais ils parlent entre eux, sans s'intéresser à elle. Ils sont encore fâchés et le lui montrent en faisant comme si elle n'existait pas. Elle pense bien à appeler sa tante Coraline, mais il est un peu tard. Quant à ses amis, elle n'a même pas envie d'essayer, après la dispute de ce midi.

Au moment d'aller se coucher, elle prend une bande dessinée afin de chasser les images de massacres qui dansent dans sa tête. Elle adore *Trolls de Troy*, même si son père dit que c'est stupide. C'est peut-être bête mais c'est très drôle ! Rapidement cependant, ses yeux papillonnent, elle est épuisée. Elle finit par s'endormir après avoir lutté un peu. Elle a peur et elle se demande ce qui va arriver. Elle ne tarde pas à avoir sa réponse... Ses traits se crispent dans son sommeil : elle y est.

17

C’est un cauchemar, Adèle !

La nuit est tombée sur le château. La fête est finie, apparemment : Adèle est dans son lit, d’autres personnes dorment autour d’elle, elle entend leur respiration. Il s’agit sûrement de sa sœur et des deux autres demoiselles d’honneur. La jeune fille entend des cris, elle se demande un instant s’il s’agit de fêtards avinés et cherche à tâtons sa lampe de chevet. Évidemment, elle ne la trouve pas, mais la clarté diffuse de la lune, derrière le rideau, lui permet malgré tout de se lever pour aller voir. Elle pose un pied par terre, la pierre est froide. D’autres cris retentissent, bien trop stridents pour être des cris de joie. Ils résonnent sous les arcades, mais il lui semble qu’ils viennent aussi de l’extérieur, du côté de la ville.

Frissonnante malgré la touffeur de l'air, elle va jusqu'à la fenêtre, pousse la lourde tenture et observe les alentours du Louvre : des hommes tenant des torches courent en tous sens ; d'autres, à cheval, sortent du palais en trombe. Ceux-là poussent des cris bestiaux, des sortes de rugissements, ils ont des regards fous. Ils poursuivent des femmes, des hommes, qu'ils…

Les yeux d'Adèle s'écarquillent d'horreur. Ils les tuent. Ils les tuent avec leurs épées, avec des hallebardes ; ils les frappent et, une fois à terre, ils les transpercent de leurs lames. Les cavaliers brandissent des lances ensanglantées. Un homme utilise une arbalète pour tirer sur une femme en chemise de nuit qui s'enfuit, du sang rougit l'étoffe blanche tandis qu'elle s'effondre.

Adèle veut fuir, se précipite hors de la chambre, court dans le couloir qui la mène au grand escalier. La cloche de Saint-Germain-l'Auxerrois sonne d'un ton lugubre, mais elle n'y prête pas attention. Jamais elle n'aurait pu imaginer ce que c'était de voir réellement tout cela : ce qui est dans le livre, ce récit qui l'avait glacée d'horreur devient soudain vrai et terrifiant. Elle débouche dans la cour et s'arrête net. Elle ne peut pas avancer, l'effroi la fige sur place. Des soldats sont là, ils égorgent des hommes désarmés, en tenue de nuit, sur les pavés de la cour. Le sang macule le sol, il y a des cris, des gémissements, certains hurlent, implorent pitié. Ils sont terrorisés. Et parmi eux, soudain, Adèle voit Samuel. Il tourne ses yeux clairs vers elle et pousse un léger cri tandis qu'un poignard lui transperce le dos. La terreur noie son regard. Adèle voit la pointe de la lame briller sur son pourpoint noir. Elle est horrifiée, elle hurle, hurle, hurle.

— Adèle ! Adèle ! Réveille-toi ! C'est un cauchemar, Adèle !

La jeune fille est dans son lit, sa mère la secoue pour la réveiller. Ensommeillé, son père arrive aussi avec un verre d'eau et une boîte de cachets.

— Tiens, donne-lui ça, elle va se rendormir.

Adèle est tétanisée, elle halète et tremble. Sa mère ne sait pas vraiment ce qu'elle peut faire, elle a perdu l'habitude de consoler les petits de leurs cauchemars.

— Tu crois que c'est une terreur nocturne ?

— Mais non, elle a passé l'âge, râle son père.

D'assez mauvaise humeur en pensant que, demain, le réveil sera difficile, le père d'Adèle lui fourre d'office le verre d'eau dans la main, et sa fille, toujours sonnée, avale docilement un cachet. Ce n'est pas la première fois qu'il lui donne ce somnifère, un truc léger mais efficace : son père soigne tous les problèmes avec des médicaments. Sa mère l'embrasse rapidement sur le front, elle sort en éteignant la lumière, et Adèle reste seule, assise dans le noir, effrayée comme une toute petite fille. Si sa grand-mère avait été là, elle aurait comblé ce manque cruel de tendresse. Mais se la rappeler ne fait que raviver sa douleur.

La jeune fille ne veut pas dormir. Terrifiée à présent, elle a peur de faire un nouveau cauchemar. Elle cède cependant, assommée par le cachet que lui a donné son père. Elle dort d'un sommeil sans rêve jusqu'à ce que sa mère la réveille pour sa première séance de rattrapage en mode cours particuliers. C'est un vrai calvaire de se lever et d'affronter ses parents, toujours aussi peu communicatifs, pendant le petit déjeuner. Son père la dépose au centre de formation avant d'aller ouvrir son cabinet.

— Ta mère passe te prendre à midi, elle n'aura pas beaucoup de temps, alors ne la fais pas attendre. Et travaille bien, surtout !

Les trois heures de cours sont abominables : elle passe la première heure à faire des tests de grammaire et d'orthographe pour découvrir qu'elle a un niveau de début de cinquième, soit un an de retard. On la met ensuite devant un ordinateur pour faire des exercices en ligne pendant une heure trente avant de lui infliger une dictée, qu'elle rate. Elle a faim, n'ayant rien pu avaler le matin, et, surtout, elle n'a aucune envie de faire des efforts. Les étudiants qui s'occupent de lui inculquer le français n'ont pas l'air passionnés, pianotant sur leur portable en la surveillant d'un œil distrait. Elle aimerait bien sortir le sien, mais une grosse fille à l'air rogue lui fait signe que non. Vers 11 h 50, on lui dit que c'est fini. « Et à demain ! » *Génial, ça va être l'enfer.*

Dans la voiture, sa mère lui fait subir un véritable interrogatoire, et Adèle insiste sur le fait que les étudiants ne fichent rien.

— Tu es sûre que ce sont des étudiants ? Le directeur m'a dit que c'étaient des professeurs.

— Mais ils sont en vacances, les profs, maman.

— Les profs sont tout le temps en vacances, ils peuvent bien travailler un peu plus, énonce Catherine avec mépris.

Moi, j'ai pas le droit de dire du mal de mes profs, mais elle se gêne pas... Quelle faux cul!

— Ceux-là, ils ont à peine vingt ans, je t'assure.

— Alors ça, c'est vraiment incroyable! On m'aurait menti? s'insurge sa mère. Je vais appeler le centre tout à l'heure.

— Ouais. En plus, ils ne m'ont pas aidée, ils n'ont fait que surveiller si je faisais les exercices sur l'ordinateur.

— Je ne paie pas 25 euros de l'heure pour qu'on te mette devant un écran, c'est fou, ça!

En se garant devant chez eux, la mère d'Adèle est tellement en colère qu'elle emboutit la voiture de la voisine, qui sort en piaillant. Adèle se retient de rigoler et rentre vite dans la maison pour ne pas essuyer l'orage. Elle fait réchauffer des lasagnes végétariennes qui attendent au frigo, met docilement la table et gagne pour sa peine un certain dégel dans l'attitude de sa mère. Malgré l'altercation avec la voisine, l'ambiance est assez détendue. *Enfin, c'est pas non plus le grand bonheur.* Catherine allume la télé, et mère et fille mangent sans trop se parler, devant les infos de TF1. La guerre en Syrie, un massacre en Palestine, c'est l'horreur dans le monde. Sa mère file aussitôt le repas fini.

— Bon, je te laisse. Tu peux regarder la télé et utiliser ton ordinateur. Mais tu iras aussi t'aérer dans le jardin, d'accord ? Et tu lis ton livre, hein !

Soudain, les visions d'horreur de la Saint-Barthélemy semblent assaillir Adèle de nouveau. Dès que sa mère est repartie, elle saute sur le téléphone :

— Guillaume ? C'est moi.

— Qui… toi ?

— Ben, Adèle quoi !

— Ah oui, la fausse amie qui préfère sa copine Juliette !

— Mais non, enfin, pas du tout, s'exclame Adèle, se rappelant subitement qu'elle s'est disputée avec lui. Oh, Guillaume, je suis désolée !

— Ben, moi aussi.

— …

— Adèle ? Tu pleures ?

— …

— Bon, j'arrive.

Moins de deux minutes plus tard, le jeune homme est là. Quand il sonne, Adèle ouvre la porte brusquement et lui tombe dans les bras. Elle tremble et semble terrifiée.

— Je suis désolée, j'aurais pas dû me fâcher avec toi ! Je m'en fiche de ce que dit Juliette, je veux pas te perdre, je... Excuse-moi.

— C'est moi qui suis désolé. C'est pas ta faute, c'est une histoire entre Juliette et moi. Dis-moi ce qui se passe. Pourquoi tu as si peur ?

— C'est mon rêve, c'est comme si j'avais fait un bond en avant. J'ai sauté des chapitres et j'ai rêvé d'un massacre.

La jeune fille entraîne Guillaume dans le salon pour lui montrer ce qu'elle a trouvé sur la Saint-Barthélemy, et, en découvrant les documents, il est aussi horrifié qu'elle. Elle lui décrit la mort de Samuel avec des sanglots dans la voix, puis s'effondre sur le canapé, bouleversée. Il la prend dans ses bras, et elle s'y laisse aller, rassurée par sa tendresse. Il ne sait pas quoi faire, n'ose pas tenter un geste de plus, gêné, triste pour elle, heureux malgré tout.

— Tu devrais reprendre ta lecture au début. Ça changera peut-être les choses ?

— Tu crois que je pourrais éviter la mort de Samuel ? s'exclame Adèle.

— Mais, Adèle, c'est un rêve, il n'est pas vraiment mort ! affirme Guillaume, décontenancé par le ton sérieux de son amie.

— Si, il est mort pour de vrai ! Il est mort en 1572, et je l'ai vu. Mais, si ce que tu dis est vrai, je pourrai peut-être changer le cours des choses en remontant le temps jusqu'au chapitre précédent !

— Adèle, tu m'inquiètes... Ça ne se passe que dans ta tête tout ça, j'ai l'impression que tu l'oublies.

— J'oublie rien, c'est toi qui ne comprends pas ! s'exclame Adèle, avec colère.

— Si, je comprends que tu es en train de perdre pied, là ! Je ne sais pas ce qui t'arrive, mais tu es en plein délire !

— Voilà ! Tu penses que je suis folle, j'en étais sûre ! crie la jeune fille.

— Mais non, pas du tout ! Je trouve juste ça dingue que tu fasses toujours le même rêve et que tu te mettes à voir des meurtres et des massacres : c'est quand même flippant, non ?

— Va te faire voir ! hurle Adèle, furieuse. Je n'aurais jamais dû te demander de l'aide, tu ne me crois même pas !

Elle se dégage de l'étreinte de Guillaume et le pousse hors de la pièce, puis dans le couloir et enfin dehors, lui claquant la porte au nez. *Bon débarras ! Guillaume ne me comprend pas plus que les autres !*

Sans attendre, elle monte dans sa chambre, saisit son livre avec ardeur et se plonge dedans, reprenant là où elle l'avait laissé la fois précédente, avant le terrible passage de la Saint-Barthélemy. Elle commence à comprendre que ses rêves sont liés à ses avancées dans le roman. Cela l'angoisse, bien sûr, mais elle agit sans réfléchir, parce qu'elle est malheureuse, qu'elle s'est fâchée avec ses deux amis les plus chers et qu'elle ne peut en parler à personne.

Il est 18 heures, elle n'arrivera jamais à s'endormir si tôt. *À moins que…* Pour être sûre de dormir, elle prend un cachet – le dernier de la plaquette que son père a oubliée sur sa table de nuit. Elle hésite un peu puis se dit que, s'il lui en a donné un la veille, c'est que c'est sans risque. Après tout, il est médecin.

Elle continue à lire, puis, immanquablement, elle s'endort. Et elle rêve.

18

Ce rêve obsédant

Lorsqu'elle se retrouve au cœur du Louvre, prise de panique, elle se rend compte soudain de la gravité de son geste : elle a pris un somnifère pour sauver un personnage imaginaire. Peut-être que Guillaume a raison, peut-être qu'elle devient folle ? Elle devrait essayer de se réveiller, de sortir de ce rêve obsédant.

Mais s'il a tort ? Si Samuel est vraiment en danger ? Maintenant qu'elle est là, au XVIe siècle, elle va en profiter pour tester la théorie de Guillaume : si tout se passe comme elle le suppose, le massacre n'a pas encore eu lieu, et elle est au soir du 22 août. L'amiral de Coligny s'est fait tirer dessus le matin même, un coup d'arquebuse dû à Maurevel, l'assassin payé par le roi Charles IX. Les protestants sont inquiets, et ils ont raison d'avoir peur : les ultra-catholiques comme de Guise essaient de profiter de l'occasion pour obtenir du roi qu'il les autorise à tous les massacrer.

Elle est seule dans la chambre, elle écoute. Tout est silencieux. Pas de cris, pas de hurlements. Ni sa sœur ni les deux autres filles ne sont présentes. Elle court à la fenêtre, mais il n'y a pas de folie sanguinaire dehors ; tout est calme. Elle s'aventure dans le couloir, descend vers la cour et avance sous la coursive.

— Adèle ?

Elle se retourne vivement. C'est Samuel.

— Tu… tu es vivant ?

— Bien sûr, répond-il, un peu interloqué avant de se ressaisir. Que fais-tu là ? Il est tard !

— Quel jour sommes-nous ? Quelle heure est-il ?

— Nous sommes le 22 du mois d'août, ou plutôt le 23 car minuit est juste passé, et les jeunes filles sont normalement couchées à cette heure, dit le jeune homme en souriant. Tu avais encore envie de danser ? Les fêtes sont finies, pourtant, ajoute-t-il avec amertume.

— Le 23 août ? Alors, Coligny a…

—… été blessé, oui. Tu t'en réjouis peut-être, comme nombre de tes amies catholiques ? dit Samuel, soudain sur la défensive.

—Non, c'est affreux ! Mais ce qui se prépare est bien pire, il faut quitter Paris ! Ton ami qui te proposait de partir avec lui, suis-le, fuis avec lui !

—Fuir ? Pourquoi ? Le roi nous protège !

—Il était censé protéger Coligny aussi, et tu vois le résultat ! s'exclame Adèle. Où est cet ami, alors ?

—L'ami de mon père est déjà parti. Lui aussi avait peur.

Samuel prend soudain un air grave, ébranlé par l'affirmation de la jeune fille.

—Pourquoi dis-tu que cela va être pire ? Sais-tu quelque chose ?

Adèle est troublée. Comment expliquer ce qu'elle a lu dans son livre ? Elle se dit qu'elle va passer pour une folle ou pour une sorcière. Est-ce que ce ne serait pas trop risqué ? Est-ce que les sorcières sont encore brûlées vives au XVIe siècle ?

—Non, c'est évident qu'ils ne vont pas s'arrêter là ! s'exclame-t-elle, en mettant encore plus de conviction dans sa voix. Il faut partir, quitter Paris avant qu'il ne soit trop tard. Tout le monde vous déteste, ici !

— Même toi ?

— Non ! Je veux partir avec toi ! s'écrie Adèle, sans trop réfléchir.

— Partir avec moi ? Sans chaperon ? Mais tu es folle !

Et voilà, elle passe encore pour une dingue. Elle commence vraiment à s'inquiéter de sa santé mentale.

— Vous devriez aller vous coucher, Mademoiselle, reprend Samuel d'un ton moqueur. On pourrait se demander ce que vous faites seule dans votre plus belle robe, à rôder dans les couloirs à cette heure tardive ; ce n'est pas très convenable.

— Je fais ce que je veux ! Que fais-tu là, toi, d'ailleurs ? Pourquoi serais-tu debout et pas moi ?

— Mais… parce que je suis un homme !

— Et alors, on n'est pas au Moyen Âge !

— Au quoi ?

— Laisse tomber ! Je ne comprends pas pourquoi je ne peux pas sortir alors que toi, oui.

— À cette heure-ci, une jolie fille sans chaperon… On pourrait croire que…

— Oh ! s'exclame Adèle, rougissant parce qu'il la trouve jolie et confuse à l'idée de ce qu'il imagine. Tu penses que je… que j'ai un amant ?

— Je ne le pense pas, bien sûr, je te connais. Mais d'autres en arriveraient à cette conclusion.

— Et toi ? Sors-tu de chez ta maîtresse ? rétorque alors Adèle, soudain jalouse.

— Pas du tout, s'offusque Samuel. Je croyais que… Mon baiser n'était-il pas assez clair ? Me prends-tu pour un coureur de jupons ?

— Mais non ! se rattrape Adèle rapidement. Excuse-moi… Pourquoi es-tu debout, alors ?

— Je suis sorti car une douleur dans le ventre me tient éveillé.

— Tu as trop mangé au banquet, se moque Adèle en lui souriant.

— Non, répond-il avec un naturel désarmant. C'est une douleur vive qui s'est déclarée tantôt et qui va en empirant.

— Où ça ? s'inquiète-t-elle alors.

— Là, à droite, dit le jeune homme en appuyant sur son flanc, ce qui lui tire une grimace de douleur.

— C'est peut-être l'appendicite ! Je l'ai eue, ça m'a fait ça !

— L'appen… quoi ? Tu t'y connais en médecine, toi ? Tu es décidément une drôle de fille !

— Montre-moi !

Le ton est assez impérieux pour que le jeune homme soulève son pourpoint et indique plus clairement la zone de l'appendice. La jeune fille approche la main et effleure son ventre, il sursaute.

— Tu me fais mal !

— J'ai à peine effleuré ta peau.

— C'est comme si j'avais une énorme écharde dans le ventre !

Il a l'air paniqué. Adèle saute sur l'occasion, y voyant l'opportunité de faire sortir Samuel du palais.

— Cela peut être très grave si ce n'est pas soigné rapidement. Il te faut un chirurgien d'urgence. Comme s'appelle celui qui a soigné Coligny, déjà ?

— Tu parles d'Ambroise Paré ? C'est le chirurgien du roi. Mais il n'est pas au Louvre !

— Justement, allons-y au plus vite ! Ça ne sert à rien de rester là, tu seras plus à l'abri chez ce docteur.

— Au milieu de la nuit ?

— Si on attend demain, tu risques la péritonite. Allez, on se dépêche ! dit Adèle en entraînant le jeune homme.

— La périto… quoi ? Mais non enfin ! Je ne comprends rien à ce que tu dis ! Et il est hors de question qu'on farfouille dans mes entrailles, c'est contre nature ! De toute façon, la sortie n'est pas par là !

Samuel se campe sur ses pieds, et Adèle pense qu'il ne la suivra pas quand, soudain, il se plie en deux et tombe à genoux. Il pousse un gémissement de douleur, et Adèle se jette à ses côtés.

— Il faut faire vite, Samuel, aie confiance en moi !

— D'accord, répond-il dans un souffle, terrassé par la souffrance.

La jeune fille l'aide à se relever, tant bien que mal, et ils se dirigent vers la sortie du palais. Postés là, les gardes ne manquent pas de leur demander ce qui les amène à se promener ainsi de nuit.

— Ce jeune homme est malade, je suis chargée de l'accompagner chez le chirurgien du roi.

— Une jeune fille seule avec… un huguenot, qui plus est ?

— C'est ma sœur…, souffle Samuel.

— Ta sœur ? Habillée comme une catholique ? Tu nous prends pour des idiots ?

— Il souffre ! Qu'attendez-vous pour nous ouvrir ? insiste Adèle, choquée que les gardes soient aussi cruels sous prétexte qu'il est protestant.

— Mouais, bon, on a d'autres chats à fouetter, passez !

Au moment où ils franchissent le seuil, Adèle se réveille en sursaut.

— Adèle ! Réveille-toi ! Adèle !

Sa mère la secoue. Elle se dégage mollement : des rubans de rêve, des bribes de réel, Adèle est perdue dans cette entre-réalités.

— Adèle ! Tu dors depuis quand ? Il est 21 heures !

— Euh… depuis… je ne sais pas, hésite-t-elle. Mais, continue-t-elle plus fermement, avec un air de défi, qu'est-ce que ça peut faire, ce n'est pas grave de dormir, si ?

— Non, mais tu n'as même pas mangé. Et surtout tu ne dormiras plus cette nuit.

— Mmmh…, grogne-t-elle.

— Allez, ton père nous attend, j'ai fait une soupe de poireaux.

— Chouette alors, souffle la petite, dépitée.

Le dîner familial se déroule dans le même silence plombé que la veille. La mine renfrognée d'Adèle et la fatigue de ses parents n'aident pas à améliorer leurs rapports. Eux sont épuisés par leur journée de travail, tant par les longues heures passées au cabinet médical, surtout avec l'épidémie de gastro qui débute, le vaccin contre la grippe pour les personnes âgées et les premiers rhumes, que par les interminables visites d'appartements et de maisons, qui ne se vendent qu'au compte-gouttes.

Quand la grand-mère d'Adèle était encore là, elle pratiquait un peu de magie ces soirs-là : un gratin de pâtes pour sa mignonne, une poêlée de légumes croquants pour les grands, un gâteau miraculeux au chocolat, dont le cœur fondant les ravissait tous. Le silence n'avait pas le temps de s'installer, elle racontait de vieilles anecdotes sur son mari, son enfance. Parfois, elle abordait quelques épisodes de la Résistance… Oh, expérience fort modeste, mais les yeux d'Adèle brillaient comme si elle avait été une héroïne, et elle en rajoutait un peu sous l'œil désapprobateur de sa fille. Souvent, ils faisaient ensuite un jeu de société, un Scrabble en général, parce qu'elle ne connaissait pas grand-chose d'autre et se refusait à en savoir plus : « À mon âge, je ne peux plus apprendre de nouvelles règles du jeu, je n'y comprendrais rien ! » Avec Adèle elles trichaient à qui mieux mieux, mais son gendre finissait toujours par les battre, quoi qu'elles inventent. Tout cela semble loin. Six mois déjà qu'elle n'est plus là. Et personne n'a pensé à réorganiser le quotidien pour parer son absence.

Le bruit des couverts tintant sur les assiettes tente de combler le vide. Adèle prend son courage à deux mains pour troubler ce calme angoissant.

— Papa ?

— Oui, répond son père un peu précipitamment, soulagé lui aussi de rompre le silence.

— Comment on soignait l'appendicite au XVIe siècle ?

— Je ne sais pas trop, il faudrait que tu demandes à ta tante. Je ne suis même pas sûr que l'appendicite ait été connue à l'époque.

— Et tu sais qui est Ambroise Paré ?

— Ah oui, bien sûr ! Il a révolutionné la médecine : avant lui, les chirurgiens n'étaient pas plus reconnus que de simples barbiers. Il a essayé de soigner l'amiral de Coligny. Tu sais, celui dont l'attentat a eu lieu deux jours avant la Saint-Barthélemy. Tu as lu ça dans *La Reine Margot*?

— Oui, et… je me demandais ce que ça aurait changé s'il avait eu plus de connaissances.

— Je ne crois pas que ça aurait modifié grand-chose : les catholiques voulaient se débarrasser de lui de toute façon et ils l'ont tué d'un coup d'épée la nuit du 24 août. Il y avait déjà eu plusieurs guerres, et les protestants étaient minoritaires. Catherine de Médicis aurait bien voulu apaiser les tensions, faire cesser les conflits, mais les de Guise voulaient le pouvoir.

— Oui, j'ai lu des choses là-dessus, confirme Adèle.

— En fait, l'attentat contre l'amiral Coligny n'a été que l'étincelle qui a mis le feu aux poudres. Cela serait arrivé à un moment ou à un autre.

— Ce n'est pas très gai tout ça, intervient Catherine. On ne peut pas parler d'autre chose que de guerres et de massacres ? Demain j'ai pris mon après-midi pour être un peu avec toi, je passe te chercher après tes cours particuliers et ensuite, on pourrait faire du jardinage ?

— Mouais, répond Adèle avec un enthousiasme débordant.

Le silence retombe alors comme un voile épais sur leur petit trio triste. Catherine met toujours les pieds dans le plat.

19

Ambroise Paré

Après le repas, Adèle décide d'appeler Coraline. Sa mère lui fait les gros yeux en désignant la pendule, mais la sonnerie retentit déjà. Coraline décroche aussitôt.

— Allô ? C'est Adèle.

— Tu n'es pas couchée, minette ? répond sa tante d'une voix gaie.

— Non, j'ai dormi tout l'après-midi. J'ai une question.

— Je m'en doute. Vas-y, je t'écoute.

— Est-ce que l'on pouvait soigner une appendicite à la Renaissance ?

— Dis donc, tu as un devoir à faire en SVT ?

— Ne te moque pas de moi, c'est sérieux !

— Bien, alors je suis désolée, mais jusqu'au XIXe on mourait de l'appendicite. Il y a bien eu un médecin anglais qui a pratiqué une opération au XVIIIe, mais c'était un hasard. À la Renaissance, ils savaient à peine ce qu'était l'appendice. Je crois savoir qu'Ambroise Paré en a parlé dans ses écrits.

— Ambroise Paré ? s'exclame Adèle, soudain surexcitée. C'est génial ! Merci, merci !

— Je ne sais pas pourquoi c'est si bien, mais je suis ravie de t'avoir rendu service. Tu me passes Catherine ?

— Tiens, dit Adèle en tendant le téléphone à sa mère, avant de retourner vers sa chambre, sautillante.

Elle part sans prêter attention à sa mère qui semble inquiète.

— Adèle est passionnée par son bouquin, constate Coraline. C'est la deuxième fois qu'elle m'en parle, et elle a l'air très impliquée... C'est étrange pour une petite qui ne lit jamais, non ? D'autant que c'est une histoire assez sombre quand même. Tu es sûre qu'elle va bien ?

Par ces quelques mots, Catherine a confirmation de ce qui la dérange depuis cinq jours. Adèle ne lui semble pas dans son état normal : elle est molle, elle dort tout le temps sauf quand elle parle de son livre, et, alors, ses yeux pétillent comme avant... la mort de sa grand-mère.

C'est pour ça qu'elle a pris une demi-journée de congé, mais elle ne sait pas quoi lui dire et elle n'ose pas pousser la porte pour aborder le problème avec sa fille. Elle a peur qu'on parle du décès de sa mère alors qu'elle-même essaie d'oublier son absence. C'est ça, leur épine dans le pied, mais aucun des membres de la famille n'est assez fort pour crever l'abcès.

Adèle se couche avec la ferme intention de rêver. Son livre entre les mains, elle se tient dans son lit, attendant impatiemment que le sommeil vienne. Elle a repris très exactement où elle s'était arrêtée, elle n'a pas fait l'erreur de la veille en sautant des chapitres, elle est déterminée à sauver Samuel. Évidemment, avec la sieste qu'elle a faite cet après-midi, c'est compromis. Elle s'énerve, se tourne et se retourne, essaie de songer à des choses agréables, mais, au lieu de ça, elle repense à sa dispute avec Juliette et Guillaume. Enfin, ses deux disputes avec

Guillaume vu qu'elle a trouvé le moyen de fiche en l'air leur réconciliation. Elle les avait presque oubliées. Son ventre se tord, elle a réussi à se fâcher avec ses deux meilleurs amis en deux jours et elle ne sait même pas pourquoi. Leurs réactions ont été incompréhensibles, surtout celle de Juliette. Pourquoi s'est-elle vexée ainsi ? Elle semblait plus fâchée contre Guillaume que gênée par sa présence. Adèle n'arrive pas à trouver un sens à tout cela, et le sommeil ne vient toujours pas.

Elle se relève, cherche des informations à propos d'Ambroise Paré sur Internet, trouve un article et des informations sur la Saint-Barthélemy : le chirurgien du roi était huguenot, il a été épargné par le roi qui l'a gardé auprès de lui pendant le massacre. Il habitait de l'autre côté de la Seine, dans une rue avec un nom d'oiseau. Après avoir surfé à la recherche d'une carte de Paris datant du XVIe siècle, elle repère le chemin entre le Louvre et cette rue, le mémorise puis elle retourne au lit, sans réussir toutefois à fermer les yeux.

Elle repense au cachet que son père lui a donné. Elle n'en a plus, mais elle suppose qu'il y en a dans la pharmacie familiale. Se glissant dans la salle de bains de ses parents, elle ouvre l'armoire et trouve ce qu'elle cherche. Ce sont les mêmes cachets, mais en version pour adultes. Elle se rappelle que sa mère en prend aussi quand elle ne peut pas dormir. Peut-être que c'est trop fort pour elle ? Réfugiée dans son lit, Adèle hésite, mais l'envie de retrouver Samuel est plus forte, et elle avale un demi-cachet. Rapidement, elle s'endort, assommée.

Comme elle l'avait prévu, elle se trouve de nouveau exactement où elle était quand elle s'est réveillée. Elle soutient Samuel ; il semble soulagé d'avoir passé la porte du Louvre. Les deux jeunes gens avancent à présent vers l'église Saint-Germain-l'Auxerrois quand le jeune homme demande à sa compagne où habite Ambroise Paré. Elle hésite un peu : est-ce qu'il ne va pas trouver bizarre qu'elle sache si bien où est le médecin ? Elle fait semblant d'hésiter un peu :

— Rue de l'Alouette ! Ou rue du Rossignol, je ne sais plus…

Samuel ne connaissant pas du tout Paris, Adèle doit le guider. Ce n'est pas si simple qu'elle le pensait. Elle se remémore la carte qu'elle a consultée, mais les rues semblent toutes les mêmes. Elle sait qu'elle doit se diriger vers les ponts, et ils longent donc la Seine.

Il ne semble y avoir personne pour les renseigner d'autant qu'Adèle n'ose pas s'adresser à l'une de ces formes qui dorment dans les coins et Samuel souffre trop pour faire preuve d'initiative.

— Que faites-vous là ?

Un cavalier s'arrête à côté d'eux, son cheval piaffant.

— Nous cherchons la demeure d'Ambroise Paré. Mon… frère est malade !

— Le chirurgien du roi ? Il habite rue de l'Hirondelle. Mais peut-être est-il auprès de l'amiral Coligny, comme le roi le lui a demandé, ou au Louvre !

— Quoi ? Mais nous en venons !

— Je vous accompagne jusque chez lui, nous verrons bien, il est trop dangereux pour deux jeunes gens de se promener à cette heure dans les rues de Paris. Les coupe-jarrets rôdent, attirés par les noces !

— Oh, merci, Monsieur ! s'exclame Adèle tandis que le cavalier leur fait signe d'avancer.

Son cheval avance au pas devant eux, la petite observe le dos de l'inconnu. Son vêtement de couleur grenat semble fait d'une étoffe précieuse, son maintien suggère sa noblesse.

— Nous sommes sur le pont Saint-Michel, souffle Samuel.

La jeune fille ne saurait dire où le pont commence ni où il s'arrête tant il est couvert de maisons. On ne voit même pas l'eau de la Seine. Enfin, sur leur droite, voici la rue de l'Hirondelle.

Elle est tirée de ses réflexions par Samuel qui grimace et pèse tout d'un coup plus lourd sur son épaule. Elle peine à avancer et, soudain, trébuche, laissant échapper un cri, avant de s'écrouler dans une flaque d'eau sale. Le gentilhomme se retourne alors, saute à terre et les aide à se relever. Il remarque l'habit noir de Samuel.

— Mais c'est un huguenot !

— Euh... oui... Qu'est-ce que ça peut faire ? s'étonne Adèle.

— Et toi, traînée, ce n'est sûrement pas ton frère, tu n'as rien d'une de ces pisse-froid ! C'est ton amant, avoue ! Tu me dégoûtes, débrouille-toi avec ce corbeau si cela t'amuse. Vous êtes arrivés, de toute façon.

L'homme remonte d'un bond sur son cheval et l'éperonne pour repartir vers le palais sans un regard pour eux, laissant les deux jeunes gens couverts de boue devant la porte du médecin. Adèle sent les larmes lui monter aux yeux, une vague de découragement mêlé d'un profond sentiment d'injustice la saisit à la gorge. Personne ne lui a jamais témoigné tant de mépris, et pourtant cet homme ne la connaît pas ! Ses épaules s'affaissent quand Samuel lui saisit le bras en gémissant :

— Adèle, je souffre !

Elle lève alors la main pour frapper et donne trois grands coups sur la porte avec le heurtoir de métal. Le son semble se répercuter sur les façades des maisons, si proches les unes des autres qu'on doit pouvoir se serrer la main d'un bord de la rue à l'autre. Des hommes allongés non loin de là relèvent la tête, intrigués. Le battant s'ouvre brusquement sur un homme au visage assez âgé, avec une barbe et l'œil vif, l'air furieux.

— Que faites-vous là au milieu de la nuit ? tempête-t-il. Avez-vous perdu la tête ? Ne savez-vous pas qu'il ne fait pas bon traîner ici ?

— Monsieur Paré ? tente Adèle, timidement.

— Lui-même. Que me voulez-vous ?

— Mon… mon frère fait une appendicite, il a besoin d'un médecin d'urgence !

— Une quoi ? Qu'est-ce que tu racontes, donzelle ? s'étonne Ambroise, remarquant soudain les grimaces douloureuses de Samuel. Il a l'air mal en point, ton « frère ». Entrez donc pour m'expliquer ça !

Le médecin se pousse pour les laisser passer, jetant un regard anxieux dans la rue. Adèle aide Samuel à passer le pas de la porte, s'engageant dans un couloir sombre où seule brille la chandelle tenue par le médecin. Celui-ci ferme soigneusement derrière eux puis il leur ouvre une autre porte sur la droite, dévoilant une petite pièce éclairée de bougies, avec une table en son centre, des étagères le long des murs, couvertes de boîtes, de flacons et de livres dans un désordre impressionnant.

— Allonge-toi sur la table que je regarde ce qui te fait souffrir.

Adèle aide Samuel à s'asseoir puis à s'allonger. Elle n'est pas rassurée.

— Il a l'appendicite, je vous l'ai dit.

— Où as-tu mal ? demande le médecin en ignorant Adèle. Là ?

Ambroise Paré, par le peintre Étienne Delaune
(vers 1518-1583/1595)

Tout en scrutant le visage de Samuel, l'homme tâte le ventre du garçon, à l'endroit que celui-ci lui désigne faiblement. Quand il touche la région de l'appendice, Samuel hurle de douleur.

— Tu dois avoir un misereré.

— Mais non, je vous dis ! s'exclame Adèle. Il a l'appendicite !

— De quoi parles-tu ? Je ne vois pas ce qu'une jeune fille peut connaître de la médecine !

— C'est l'appendice qui est infecté par une bactérie.

— Je pense que nous parlons de la même chose. Mais le misereré est sans remède, ajoute le vieil homme avec regret.

— Il faut opérer pour le retirer.

— Opérer ? Mais tu es folle, on n'ouvre pas un homme comme ça, sur les dires d'une enfant !

— Mon père est médecin, je sais ce que je dis !

— Ah oui et comment s'appelle-t-il, ce médecin qui opère les estomacs tordus ?

— Euh... Lanquetot.

— Connais pas, répond le chirurgien avec suspicion. Tu es de Normandie ?

— Oui, et je l'ai vu pratiquer des interventions, je peux vous aider.

— Ha, ha, ha ! éclate-t-il de rire. Pousse-toi de là au lieu de dire des bêtises, je vais lui faire une saignée, lui administrer une potion d'écorce de saule, et nous verrons demain matin.

— C'est vous qui êtes fou ! L'appendice va exploser et provoquer une péritonite si vous ne faites rien, ouvrez-le !

Adèle est hors d'elle, rouge de colère ; elle ne compte pas laisser son ami mourir ainsi. Mais Ambroise Paré la pousse sans ménagement hors de la pièce et lui claque la porte au nez.

— Dehors, tu m'empêches de travailler.

Adèle crie et tape contre la porte, mais…

20

Dehors

Les coups qu'elle a donnés sur les murs de sa chambre ont résonné dans toute la maison, et sa mère, furieuse, ouvre la porte précipitamment.

— Adèle ! Mais tu es folle de taper comme ça ! Il est 7 heures du matin !

— Qu'est-ce que je fais là ? Non, non, je veux dormir !

— Ton père aussi, tu vas le réveiller à tambouriner sur les murs. Lève-toi, habille-toi et viens m'aider au jardin au lieu de t'énerver !

Alors que sa mère sort de la chambre, Adèle s'effondre en larmes, sur son oreiller. Samuel est là-bas, il risque de mourir, et elle est là, coincée dans ce monde idiot, avec des parents idiots. Elle laisse éclater sa rage, et sa propre colère lui fait peur.

Ma mère a raison, je deviens folle, Samuel n'existe que dans mon rêve, et je suis en train de pleurer pour quelqu'un qui n'existe même pas.

Pourtant, elle sent encore le poids du garçon sur son épaule, son odeur, et la peur dans ses yeux. Il lui fait confiance. Et Ambroise Paré, il était bien là, devant elle ; elle entend sa voix qui résonne : « Dehors ! » Elle ne peut pas laisser faire ça, ce n'est pas possible. D'un bond, elle saute hors du lit, allume l'ordinateur et cherche une représentation de la maison du célèbre médecin. Si elle est comme dans son rêve, elle qui ne l'a jamais vue, c'est qu'il y a là-dessous un mystère plus grand. Et, surtout, c'est qu'elle n'est pas folle. Au moment de cliquer sur le lien qui va révéler la gravure, elle est prise d'un doute. Quoi qu'il se passe, elle ne pourra plus revenir en arrière. Elle clique. Une pointe lui transperce le crâne : la bâtisse est exactement telle que dans son rêve.

Tétanisée, Adèle se demande si sa tête va exploser. Sa mère l'appelle, et c'est en pantin qu'elle s'habille puis descend retrouver sa mère inquiète. Catherine regarde sa fille, lui trouve mauvaise mine et lui sert un jus carotte-acérola-orange. Adèle aimerait bien noyer sa trouille dans le jus de fruits, mais ça ne marche pas. Elle se met alors en mode zombie : ne pas penser, ne pas réfléchir, avancer le temps que la tempête sous son crâne se soit un peu calmée. C'est dans cet état qu'elle va suivre ses cours de soutien. Elle réagit en automate, sans que cela émeuve les étudiants chargés de la surveiller.

Quand avec sa mère, elles se retrouvent, à midi, celle-ci est bien déterminée à comprendre ce qui ne va pas pour Adèle. Elle cherche à créer une occasion de discuter avec elle.

—Je dois repiquer mes fraisiers. Tu m'aides ?

—Mmmmh…

—Ça veut dire oui ou non ?

—J'ai le choix ?

—Adèle, ne me parle pas sur ce ton !

—Pardon, concède la petite.

—Allez, avale ça et enfile un gros pull, il y a du vent.

L'adolescente est si perdue qu'elle ne proteste pas davantage et suit sa mère dans le jardin, en traînant des pieds. Il fait froid, la terre est humide et le vent glaçant, mais elle se concentre sur sa tâche et réussit à oublier un peu son rêve. Catherine ne sait pas comment commencer : les ponts semblent coupés entre elles, et il est si difficile de revenir en arrière pour réparer des mois de silence. En farfouillant dans la resserre, elles trouvent soudain un pot de fleurs qu'Adèle avait peint avec sa grand-mère pour la fête des Mères.

—Regarde, maman, c'est ton pot de fleurs!

—Je l'avais oublié! Tu l'as fait...

—Avec mamie. Il y a trois ans, je crois?

—Je dirais quatre même, le temps passe vite.

—On avait dessiné des fraises dessus. Tu veux qu'on y mette un fraisier?

—Non, je n'en ai pas très envie.

—Mais pourquoi? Tu ne l'aimes pas? demande Adèle, pleine d'amertume.

—C'est que..., hésite sa mère, cela ne risque-t-il pas de nous rappeler trop...

—Mamie? Mais... elle est là de toute façon, on ne peut pas l'oublier. Tu l'as effacée, toi? interroge-t-elle, très en colère.

—Non, bien sûr que non! proteste-t-elle. Mais ça me semble inutile de rappeler sans cesse son absence.

—Alors pourquoi son urne est-elle toujours sur la cheminée? explose la jeune fille. Elle voulait qu'on disperse ses cendres dans le marais! Tu dis que tu veux l'oublier, mais ce n'est pas possible pour moi. Tu ne peux pas me forcer à oublier ma grand-mère ! « Pour moi elle n'est pas morte, elle est toujours dans mon cœur » : c'est ce que tu as dit à l'enterrement ! C'étaient des mensonges ? Tu es une menteuse ! C'est toi qui aurais dû mourir, pas elle !

La claque retentit dans le cabanon. Adèle s'échappe, se tenant la joue, en larmes, tandis que Catherine s'effondre contre le mur, complètement déboussolée. La violence d'Adèle, sa colère, c'est pire que ce qu'elle a connu avec ses fils. Et surtout l'évidence lui saute enfin aux yeux : Adèle ne va pas bien. Pas bien du tout.

⚜
⚜ ⚜

Dans le salon, Adèle hésite. Elle veut quitter cette maison mais n'a nulle part où aller. Elle file dans sa chambre, saisit son sac à dos et elle y glisse à la hâte quelques vêtements, et son livre bien sûr. Son père est encore au travail, sa mère est dans l'abri de jardin, et elle est là, son sac sur le dos, prête à partir. Saisie d'une inspiration, elle va dans la salle de bains de ses parents et prend les somnifères qui restent. Son regard s'arrête sur la sacoche de son père, elle farfouille et trouve une trousse de premiers secours qu'elle enfourne dans son sac en pensant à Samuel. Elle n'a jamais transporté quoi que ce soit de la réalité vers son rêve, mais elle n'a pas non plus essayé de le faire. Déboussolée, elle ne pense plus qu'à ça : Samuel, l'appendicite, Ambroise Paré, le massacre…

Coraline!

Voilà où aller ! Elle retourne vite fait dans le salon pour attraper le répertoire, en profite pour prendre un billet dans le porte-monnaie de sa mère et file, laissant la porte se refermer sur sa maison et sur cette mère qui ne sait pas comment aider sa fille malheureuse.

Lorsque Catherine revient du jardin, elle appelle sa fille, défaite. Quand elle n'obtient pas de réponse et qu'elle vérifie toutes les pièces, elle se met à paniquer. Elle téléphone à son mari, qui finit par arriver pour constater l'absence d'Adèle et tenter de contenir le désespoir de sa femme.

— Elle doit être chez Guillaume, ne t'affole pas. Si elle n'est pas rentrée ce soir, on appellera, d'accord ?

— Je ne comprends pas pourquoi elle fait tout ça. J'ai peur.

⚜
⚜ ⚜

Devant l'arrêt de bus, Adèle s'inquiète aussi, mais la pensée de ses parents ne l'effleure pas. Ce qui l'angoisse, c'est qu'elle ne sait pas du tout où habite sa tante, elle n'y a jamais mis les pieds. Depuis toute petite, elle l'a souvent vue à la maison sans se demander où elle pouvait vivre. Elle se rappelle confusément que sa mère s'était moquée, une fois, de son « studio d'étudiante ».

« À presque trente ans, elle pourrait quand même se trouver un appartement décent ! »

L'adresse qu'elle a trouvée dans le répertoire de sa mère ne lui dit rien, et elle a beau scruter le plan de bus, la « rue de la Vieille-Église » n'y figure pas. En désespoir de cause, elle grimpe dans un bus qui la conduit au centre-ville et demande son chemin au chauffeur.

— Connais pas, répond-il.

Elle erre un peu aux alentours du Paquebot, le quartier commerçant, avant de se diriger vers la mairie. C'est là qu'enfin la dame de l'accueil lui trouve un annuaire, et elle repère la rue, à dix minutes à pied, près du port. Arrivée devant l'immeuble, elle se rend compte qu'elle n'a pas le code et doit attendre qu'une vieille, un peu soupçonneuse, lui ouvre la porte. Elle lui explique qu'elle vient voir sa tante, et le visage de la mémé se détend.

— Coraline ? Bien sûr ! Elle est au cinquième. La porte rouge. Donnez-lui le bonjour de la part de Mme Jimenez !

Mais Adèle fait chou blanc : elle a beau frapper, personne ne répond. Coraline doit être partie, et la jeune fille n'a aucune idée de l'endroit où elle peut être. Elle finit par s'asseoir devant la porte, des sanglots dans la gorge. Sans refuge, seule, elle ne pense qu'à Samuel. Il est en danger, peut-être déjà mort, et elle est coincée ici, dans cette réalité décevante, où personne ne l'attend. Adèle sort la trousse de secours du sac, elle la tient fermement pour essayer de l'emporter avec elle. De l'autre main, elle attrape les cachets. Il en reste trois. Elle en prend un sans hésiter, avide de sommeil, et l'avale en entier. Elle n'a pas besoin de lire plus de quelques pages du livre pour plonger directement au cœur du XVIe siècle.

21

Le miseréré

— Allez, jeune fille, tu peux entrer, il dort.

Ambroise Paré vient de lui ouvrir la porte, et, derrière lui, elle voit Samuel toujours allongé sur la table, une bassine pleine de sang à ses côtés. Elle frissonne. Puis elle s'aperçoit qu'elle tient la trousse à la main ! Ça a marché ! Elle peut transporter des objets de la réalité vers le livre.

— Vous l'avez saigné ?

— Oui, mais cela n'a pas fait tomber la fièvre, il est mal en point.

— Évidemment, vous lui avez retiré un litre de sang !

— Dis donc, petite demoiselle, cesse de me parler sur ce ton, gronde Ambroise Paré. Je ne sais pas qui tu es, mais je te trouve bien insolente !

— C'est que vous allez le tuer ! Il a l'appendicite, je vous dis !

— Je ne sais pas comment opérer cela, se calme le chirurgien devant sa colère Si tu m'expliquais un peu ?

Il l'invite à entrer dans une autre pièce, attenante à la première et tout aussi sombre. Elle pose la trousse sur la table couverte de livres et de parchemins, sur lesquels des schémas du corps humain ont été esquissés à la plume. Il semble attentif, malgré un sourire narquois, sûrement dû à son âge. Ou peut-être est-ce parce qu'elle est une fille ? Elle se rappelle que les femmes n'ont pas beaucoup de pouvoir ni d'estime à cette époque.

— Vous avez déjà exploré l'intérieur du corps humain, je me trompe ? attaque-t-elle.

— Oui. Tu le sais par ton père ?

— Non, je l'ai lu.

— Tu sais lire ? C'est rare, ta famille doit être riche…

— Un peu… Vous avez découvert l'appendice entre le cæcum et l'intestin grêle.

— Fiou ! siffle-t-il. Tu sais de quoi tu parles en plus ! J'ai trouvé quelque chose, oui…

L'homme sort un parchemin de sous un tas de livres et le montre à Adèle : cela correspond à peu près au schéma qu'elle a trouvé sur Internet, on y voit l'appendice comme un petit ver de terre au bout du cæcum.

— Mais je ne sais pas à quoi sert ce petit bout d'intestin, se demande-t-il à lui-même.

— À pas grand-chose, si ce n'est à s'infecter et à tuer les pauvres gens qui ne se font pas vite soigner.

— C'est ce que je pensais, poursuit-il, très intrigué. Tu parles bien de la colique du misereré.

— Je ne sais pas ce que c'est le mi… mizéréré ? Mais, en tout cas, Samuel a une inflammation de l'appendice, et, si on ne le lui enlève pas très vite, ça va dégénérer en péritonite, ce qui le tuera très certainement.

— L'enlever ? Mais comment ? Cela fait des années que je me demande comment soigner cette maladie !

— Il faut inciser, couper l'appendice et recoudre, c'est tout ! affirme Adèle, essayant de garder toute son assurance.

— « C'est tout » ? Mais tu ne sais pas que les gens meurent quand on les « incise » comme tu dis ? Surtout au ventre, c'est la gangrène assurée !

— C’est pour ça que j’ai apporté du matériel, précise la jeune fille en déballant le contenu de la trousse.

La trousse de son père est bien mieux garnie que les paquets vendus au tout-venant en pharmacie. Désinfectant, ciseaux, scalpel, écarteur, gants et fil chirurgical, tout y est pour la première appendicectomie de l’histoire. Cent cinquante ans d’avance, ce n’est pas tant que ça. Elle repense à un vieux film regardé avec son frère, *Retour vers le futur*, ou un truc comme ça, et elle se demande un instant si cela va changer l’avenir par ricochet. Puis elle se rappelle qu’elle rêve et que son voyage ne s’est pas fait grâce à une machine à remonter le temps, mais simplement avec un somnifère.

Ambroise Paré observe tous les objets avec curiosité. Il les regarde sous toutes les coutures.

— Qui a fabriqué tout cela ? Je n’ai jamais rien vu de si bien ouvragé ! Ces outils sont d’une finesse… Et cette matière-là ? demande-t-il en désignant le plastique et le latex, qu’est-ce que c’est ?

— Ce sont des matériaux de mon épo… euh… de par chez moi.

— D’où viens-tu ?

— De loin, très loin. Ma famille est… arabe, nous avons fait des avancées en médecine que vous n'imaginez pas ! brode la petite en espérant que le chirurgien va tout gober.

— Hum… je te pensais normande…, grogne-t-il, en jouant avec le scalpel. Aïe ! Mais c'est drôlement affûté !

— Ben oui, c'est pour ouvrir avec précision !

— Je sais ce qu'est un scalpel, demoiselle, ne me prends pas pour un imbécile ! se fâche Ambroise Paré en déballant sa propre trousse.

— Les miens seront plus efficaces…

— Quelle insolence ! Ton père t'a bien mal élevée, jeune fille… Mais je dois reconnaître que tu as raison, je ferais du bien meilleur travail avec ça…

— Vous devez le désinfecter, mettre les gants, arroser la zone avec ce produit jaune, là, et, après avoir coupé l'appendice, vous recoudrez avec ce fil. Il se désagrège tout seul, il n'y a même pas besoin de le retirer ! Si vous opérez vite, il trottera demain.

— Si tôt ? Tu vas vite en besogne, je le garderai au moins quelques jours alité, ne serait-ce que pour voir ce qu'il devient avec ton traitement miracle !

— Vous êtes d'accord ? Vous allez le faire ? s'écrie Adèle.

— Bien sûr ! Ça m'a l'air passionnant, ton affaire, je ne vais pas rater une telle occasion. De toute façon, avec la fièvre qu'il a, il ne sentira rien.

— Quoi ? Vous allez opérer sans anesthésiant ?

— « Anesthésiant » ? Qu'est-ce que c'est encore ?

— Oh non ! gémit Adèle en fouillant la trousse. Je n'en ai pas…

— Bon, écoute, on opérera quand il fera jour, l'aube se lève déjà, j'ai besoin de dormir un peu, d'autant que je dois ensuite retourner chez Coligny. Allonge-toi sur ce banc, là, et ne touche à rien.

⚜
⚜ ⚜

Ambroise Paré se dirige d'un pas lourd vers un escalier qu'Adèle n'avait pas décelé dans la pénombre. Elle se demande ce qu'elle va bien pouvoir faire. Hors de question de dormir. Elle ne préfère pas imaginer ce qui pourrait se passer ! Un retour au XXIe siècle ? Un autre rêve dans son rêve ? Cela lui donne le tournis, et elle préfère veiller Samuel.

Passant dans la première salle, elle le trouve grelottant, le teint rouge. Surmontant son envie de le couvrir – elle sait en fille de médecin que les gens fiévreux doivent au contraire être découverts – elle ouvre son pourpoint, sa chemise. Une médaille brille sur sa poitrine, se soulevant au rythme irrégulier de sa respiration. Elle la touche du doigt, pose la main sur son cœur. Il a la peau douce… et brûlante. Elle se mord les lèvres, le pauvre est évanoui et elle ne pense qu'à caresser son torse. C'est la première fois qu'elle touche ainsi un garçon ! À part le rapide baiser de Samuel et Guillaume qui l'a prise dans ses bras – quand était-ce déjà ? Hier ? – elle n'a jamais eu de contact aussi intime avec un homme qui ne soit pas de sa famille. Et Guillaume ne compte pas vraiment, c'est son ami. Enfin, c'était… Adèle sent les larmes lui monter aux yeux, elle se dit que sa vie réelle est aussi chaotique que sa vie rêvée, peut-être même pire. Elle pose la main sur le front de Samuel lorsqu'il entrouvre les yeux.

— Adèle…, murmure-t-il.

— Samuel ? Je suis là, ne t'en fais pas, on va te soigner avec Monsieur Paré !

— Ne me laisse pas, j'ai mal, supplie-t-il avant de sombrer de nouveau dans l'inconscience.

Adèle se demande ce qui l'épuise le plus, de l'appendicite ou de la saignée, et avise la bassine de sang. Comment autant de sang peut-il être contenu dans le corps ? Elle se résout à s'en débarrasser, mais il n'y a pas d'évier, bien sûr, et elle repense aux films qu'elle a pu voir. Ouvrant la porte extérieure, elle jette un œil dans la rue et se décide à sortir pour jeter le contenu de la bassine dans la rigole qui doit servir d'égout. Au moment où elle s'apprête à rentrer, des cavaliers passent au galop, manquant de la renverser.

— Dégage, ribaude !

Elle retient un geste grossier et regarde cette compagnie richement vêtue prendre le chemin du Louvre. Catholiques d'après les belles couleurs de leurs habits, sûrement des hommes appelés pour le massacre qui se prépare. Elle s'inquiète tout à coup. Les événements débuteront dans moins de vingt-quatre heures, et elle est bloquée à Paris, n'imaginant pas comment Samuel pourrait prendre la route quelques heures à peine après une opération pareille. Et pour aller où ? Alors qu'elle referme la porte, songeuse, quelqu'un lui secoue l'épaule.

— Adèle ! Adèle ! Qu'est-ce que tu fais là ? s'exclame une voix de femme.

C'est Coraline. Elle est recroquevillée contre sa porte, courbaturée, avec un sérieux mal de crâne.

— Mais enfin peux-tu m'expliquer ce que tu fais endormie devant chez moi ?

— Je… je suis partie…

— Partie ? interroge sa tante avant de comprendre. Tu as fait une fugue ? Mais depuis quand es-tu là ?

— Quelle heure est-il ?

— Dix-huit heures ! Tes parents savent que tu es là ?

— Non, je ne sais pas, ils s'en fichent de savoir où je suis de toute façon…

— Mais tu racontes n'importe quoi ! Ils ont déjà dû prévenir la police ! Rentre vite, dit Coraline en ouvrant la porte au-dessus de sa tête.

Adèle manque de s'effondrer dans le couloir, répandant le contenu de son sac. Elle s'empresse de récupérer les cachets avant que sa tante ne les voie et se relève misérablement, tentant de faire bonne figure. Elle ne veut pas que Coraline imagine le pire, elle la ramènerait illico chez elle.

— On appelle tes parents, tout de suite !

Raté. Adèle se décompose. Voyant que sa nièce commence à pleurer, Coraline s'arrête dans son mouvement et repose le combiné.

— Tu t'es disputée avec eux ?

— Avec maman, répond la jeune fille entre deux sanglots.

— Quand ?

— Cet après-midi. Vers 14 heures.

— Et tu es restée devant ma porte depuis tout ce temps ?

— Oui... J'ai dormi.

— Quatre heures ? s'alarme Coraline. Tu n'as pas pris de drogue, au moins ?

— Non ! Je ne suis pas folle ! Mais je ne veux pas rentrer, pas maintenant, s'il te plaît, supplie-t-elle.

— OK, je vais les appeler pour les rassurer et leur proposer de te ramener demain. Nous pourrons discuter ce soir et résoudre tout ça. D'accord ?

— Rien ne peut se résoudre...

Devant la moue dubitative de sa tante, Adèle sent qu'elle ne pourra pas la convaincre, c'est une adulte et, visiblement, elle ne la comprend pas plus que ses parents. Pourtant, il y a bien des adultes qui savent écouter ; c'était autre chose avec Mme Gosselin. Elle pense surtout que sa grand-mère ne lui servait pas cette soupe-là, qu'elle l'écoutait vraiment, prenant au sérieux ses soucis et ses chagrins, l'aidant à y voir plus clair aussi, à relativiser parfois. Cela lui tord le ventre quand elle constate une fois de plus que rien ne va plus depuis son départ. Elle écoute donc sa tante rassurer ses parents, leur expliquer qu'elle va bien et qu'elle sera de retour le lendemain matin :

— … Oui, c'est mieux comme ça… laisser passer la tempête… une discussion sérieuse… consciente de la peine qu'elle vous a faite… blablabla… Adèle est épuisée et elle se demande quand ils vont commencer à penser à elle au lieu de se lamenter sur ce qu'elle leur fait subir.

22

Comme une grande

Coraline raccroche, soupire et se tourne vers Adèle.

— Bon, ils sont affolés, très fâchés aussi. J'ai réussi à négocier de te ramener demain matin, je ne pense pas qu'une engueulade te soit d'une grande utilité ce soir. En attendant, soirée pizza et tu me racontes tout ça. D'accord ? demande-t-elle avec un sourire un peu forcé.

— Je n'ai pas le choix, je suppose…

— Tu n'aimes pas les pizzas ?

— Si ! Ce n'est pas ça, c'est pour demain…

— Écoute, Adèle, je vais être franche : tu as quatorze ans, des parents et une maison. J'en ai trente, je suis célibataire et sans enfants dans un minuscule studio. J'ai un boulot très prenant et je ne compte pas me substituer à ta mère, donc je t'aide, mais je ne me transforme pas en nounou. Si tu as besoin de moi par la suite, tu pourras m'appeler de temps en temps, mais je ne vais pas te prendre en pension. Ça, c'est sûr ! Il va falloir que tu assumes un peu et que tu gères ça comme une grande.

La mine renfrognée d'Adèle est la seule réponse que Coraline obtient. Elle l'a braquée, la jeune fille n'apprécie pas trop qu'on lui fasse la morale alors qu'elle est venue demander de l'aide. Elle s'imaginait que sa tante la dorloterait, la plaindrait et lui proposerait une solution géniale. Laquelle ? Elle ne sait pas trop, mais ça se passe toujours comme ça dans les films : l'héroïne incomprise se fait aider par la jeune tante inventive qui résout ses problèmes. Coraline essaie de se donner une contenance en cherchant le menu de la pizzeria dans le bazar qui règne sur la table de la kitchenette. Adèle boude.

— Une quatre-fromages, ça te va ?

— Moui.

— Bon, j'y vais, installe-toi un peu, il n'y a pas la télé, mais j'ai plein de BD si tu veux, derrière toi.

Adèle jette un œil derrière le canapé, où s'entassent en effet des piles de BD, tandis que sa tante ressort. Une fois seule, la jeune fille repense à Juliette et à Guillaume : c'était trop bête de se fâcher ainsi avec eux ; elle prend son courage à deux mains et se saisit du téléphone.

— Ah, bonsoir Adèle !

— Bonsoir, madame.

— Juliette n'est pas là, elle est avec Maëva !

— Maëva est rentrée ? Mais… elle ne me l'a pas dit !

— Ah bon ? Pourtant, elle a appelé Juliette hier pour lui dire que les vacances chez son père étaient écourtées. Tu veux que je lui dise que tu as téléphoné ?

— Euh… non merci, c'est pas grave.

Adèle raccroche, amère. Juliette ne l'a même pas prévenue. Elle en a pourtant eu l'occasion depuis hier ! Là, c'est sûr, elle est vraiment fâchée. Les larmes lui montent de nouveau aux yeux, mais elle reprend le combiné pour appeler Guillaume. Elle tombe sur son père.

— Tu crois que c'est une heure pour téléphoner ?

Adèle jette un œil à la pendule, il est 20 heures. Elle ne pensait pas qu'il serait rentré, sinon elle n'aurait même pas essayé.

— Il est en train de travailler, lui. Je ne vais pas le déranger. Et, de toute manière, je ne veux pas que tu le rappelles ni même que tu le revoies. Je pensais avoir été clair.

Il raccroche, sans un au revoir. Adèle s'effondre, désespérée. Elle n'a même plus son ami d'enfance pour l'épauler. Le seul qui sache ce qui lui arrive.

Quand Coraline revient avec les pizzas, elle la trouve prostrée sur le canapé et a toutes les peines du monde à lui tirer un mot. En désespoir de cause, elle fait la conversation toute seule, parlant de ses recherches.

Adèle refait surface soudain, lorsque sa tante prononce le nom d'Ambroise Paré.

— Quoi ? Tu disais quoi sur Ambroise Paré ?

— Euh..., hésite Coraline, soulagée de voir sa nièce sortir de sa léthargie. Je disais qu'il pratiquait des opérations étonnantes pour l'époque : il a imaginé une façon de ligaturer les artères en cas d'amputation, par exemple.

— On faisait comment avant ?

— Au fer rouge...

— Quoi ? Quelle horreur ! s'exclame Adèle en pensant à Samuel. Et comment étaient-ils anesthésiés ?

— L'anesthésiant n'existait pas, on leur mettait une éponge soporifique sous le nez. Souvent, les blessés en mouraient, car, même si les artères étaient bien ligaturées, les infections étaient si nombreuses que les pauvres tombaient encore plus gravement malades.

— Ils ne désinfectaient pas ? interroge Adèle, se demandant si le petit flacon de désinfectant suffira au chirurgien.

— Ils nettoyaient avec de l'alcool, mais ça rongeait les chairs. Et ça ne tuait pas tous les germes, ajoute Coraline. Pourquoi poses-tu toutes ces questions ? C'est à cause de ta lecture de *La Reine Margot* ?

— Ça me semble important, oui, hésite Adèle.

— Je ne sais pas s'il est bon que tu continues à le lire, ça devient une obsession. Et c'est un peu morbide, non ?

— J'ai bien le droit de m'intéresser à ça, tu passes ton temps là-dessus, toi aussi !

— Je n'ai pas quatorze ans...

— Oui, ben, on le saura que tu me vois comme une gamine !

— Ne te vexe pas, je m'inquiète pour toi, c'est tout. C'est toi qui es venue me trouver, je te le rappelle.

— Excuse-moi, concède Adèle.

— Tu veux bien qu'on parle un peu de toi ? Ta mère dit que tu dors tout le temps et que… tu parles beaucoup de ta grand-mère.

— Personne n'en parle sinon, comme si tout le monde essayait de l'oublier !

— C'est difficile pour ta mère.

— Elle cache ses sentiments, tout le temps : je la trouve hypocrite. À l'enterrement, elle avait dit qu'on répandrait les cendres de mamie, mais elle ne l'a jamais fait.

— Tu ne t'es jamais dit qu'elle n'arrivait pas, elle non plus, à surmonter sa peine ?

— Elle ? Elle s'en fiche. Tout ce qui compte, c'est que la maison soit propre et mes jupes repassées. Mamie lui manque parce qu'elle faisait le ménage, voilà tout.

— Que tu es cruelle ! s'exclame sa tante. Je crois que c'est bien plus compliqué que ça. C'est très dur de perdre sa maman, même quand on est adulte.

— Je… je suis désolée, dit Adèle, s'apercevant que sa tante a les larmes aux yeux.

Mettant fin à la conversation, Coraline se lève alors pour se servir un verre et faire la micro-vaisselle. Le studio est si minuscule qu'elle n'a que deux pas à faire pour être dans la kitchenette. Les murs sont couverts de gravures et de représentations historiques, le tout ressemble à un musée. L'ordinateur qui trône sur le minuscule bureau semble décalé, comme perdu dans un autre temps. Pour changer de sujet, Adèle demande où est le lit. Coraline lui désigne le canapé :

— Tu es assise dessus !

— Et tu as Internet ?

— Oui, quand même…

— Ben, tu sais, t'as même pas la télé…

— Ha ha, c'est bien ta génération, ça ! Tiens, si tu veux surfer un peu, ne te gêne pas. Je vais prendre une douche, et après, mademoiselle, au dodo ! J'ai du boulot demain. Mais peut-être que tu n'as pas très envie de dormir après ta sieste de cet après-midi !

Adèle n'ose pas avouer que son sommeil n'a pas été très réparateur. De plus le cachet lui a donné plus mal à la tête encore. Elle demande un Efferalgan puis va vérifier sur Internet tout ce qu'elle a dit de l'appendicite à Ambroise Paré. Elle se plonge dans un schéma représentant les intestins. Quand Coraline sort de sous la douche, elle la trouve en train de visionner une appendicectomie sur YouTube.

— Quelle horreur ! Mais tu vas faire des cauchemars ! Allez, ça suffit comme ça. Va prendre ta douche pendant que je déplie le clic-clac.

Seule dans la salle de bains, la jeune fille en profite pour inspecter la pharmacie. Elle subtilise un spray désinfectant et le paracétamol. Il n'y a pas grand-chose de plus. Quand elle pense à la pharmacie pleine à craquer de ses parents, elle regrette presque d'être là : elle aurait pu récupérer de la Bétadine. Avant de se ressaisir. Il y a une heure, elle ne serait rentrée pour rien au monde et, là, elle est prête à revoir sa mère pour sauver Samuel ? Adèle se demande si son rêve va continuer à envahir sa réalité une fois qu'elle aura sauvé son amoureux. Elle sait qu'être amoureuse d'un rêve n'est pas normal, mais Samuel est plus qu'un personnage de son imaginaire, il est bien réel. Il y a bien des gens de sa famille à La Rochelle. L'autre preuve, c'est qu'elle a vu la maison d'Ambroise Paré exactement comme elle était en réalité. Et ça, elle n'a pas pu l'inventer. *Non, c'est sûr, tout ça existe pour de vrai. Et je suis capable de sauver la seule personne qui me comprenne.*

Quand Coraline frappe à la porte pour lui annoncer que le lit est prêt, Adèle se dépêche d'avaler un somnifère de son père, pour rejoindre plus rapidement son ami souffrant. Après avoir lu quelques lignes, elle s'endort. Elle tient fermement à la main, cachés sous la couette, les médicaments volés à sa tante.

23

L'OPÉRATION

— Mignotte ! Réveille-toi, il fait jour !

Le chirurgien secoue Adèle de façon peu amène. Elle se redresse, sort la main de sous la couverture qui la couvre et exhibe fièrement ses trouvailles :

— Voilà de quoi faire tomber la fièvre !

— Mais d'où sors-tu tout ça ? Tu es sorcière ?

— Non, s'écrie Adèle, effrayée.

— Ne fais pas cette tête, je ne crois pas à ces sornettes. Viens donc plutôt me montrer ce que tu sais puisqu'il semble dit que je me fasse faire la leçon par une jeune fille !

En entrant dans la salle, Adèle est affolée par l'état de Samuel. Il s'agite dans son sommeil et semble délirer. Elle lui touche le front : il est brûlant, et elle s'aperçoit qu'il a vomi dans la bassine. Elle demande une cruche d'eau et oblige le jeune homme à avaler du paracétamol en croisant les doigts pour qu'il ne le rejette pas, avant d'aller vider le contenu de la bassine dans la rue. Elle en profite pour ouvrir les battants de bois qui obstruent la fenêtre. Il fait déjà chaud dehors, Adèle se rappelle qu'ils sont en août et non en novembre, comme dans la réalité. Tout en déshabillant le jeune homme, le chirurgien observe Adèle s'agiter, curieux.

— Qu'est-ce que c'est que la médecine que tu lui as donnée ?

— C'est pour faire tomber la fièvre, on ne pourra pas opérer s'il s'agite !

— Tu as bien raison ! Bon, que faut-il faire, docte demoiselle ?

— Euh... il faut désinfecter la plaie, le scalpel et l'écarteur, et ensuite vous incisez ici, dit-elle avec un semblant d'assurance, qu'elle perd immédiatement devant la semi-nudité du garçon.

Il est torse nu, et son pantalon est si bas sur ses hanches qu'elle voit quelques poils blonds s'en échapper. Elle ne peut s'empêcher de le trouver beau et désirable.

— Et ça ? poursuit Ambroise sans remarquer son trouble. Je mets ces drôles de gants, c'est ça ?

— Ah, euh… oui ! Mais il vaut mieux bien vous laver les mains avant. Et préparer le fil et l'aiguille : on va les désinfecter aussi.

— J'ai regardé mes croquis, il y a une artère dans ce coin ! Ça va pas être simple.

— Oui, il vous faudra la ligaturer en premier. Et, avant de couper, il faut faire un nœud à la base de l'appendice pour éviter que son contenu ne se répande. C'est du pus là-dedans, ça risque d'infecter tout le reste. Vous saurez faire ?

— Bien sûr ! Je suis le chirurgien du roi, s'offusque-t-il en commençant les préparatifs.

Adèle mouille un linge pour rafraîchir le visage de son ami puis asperge de Bétadine la zone de l'incision, comme elle l'a vu faire sur la vidéo. Tout est prêt. Le chirurgien lui demande de tenir une lampe à huile au-dessus de lui, la lumière étant chiche dans la pièce malgré la fenêtre ouverte. Il pose le scalpel sur la peau, une goutte de sang perle quand Samuel geint.

— L'anesthésiant ! On a oublié de l'anesthésier !

— Quoi ? Mais de quoi parles-tu encore ?

— Il faut quelque chose pour qu'il ne souffre pas ! Avez-vous une éponge soporifique ?

— Mais tu t'y connais drôlement bien ! C'est une vieille technique, je ne l'utilise pas très souvent. Mais, si tu penses que ça peut être utile, tu en trouveras une là-bas, dans le tiroir. Oui, c'est ça. Viens et maintiens-la sous son nez.

Après quelques instants, le jeune homme cesse de s'agiter, et Adèle reprend sa place de spectatrice, tenant la lanterne. Elle se demande, un peu tard, comment elle va faire pour ne pas vomir elle aussi en voyant le sang qui coule de la plaie ouverte par Ambroise. Elle qui déteste les piqûres…

— Tiens donc ton instrument là, grogne Ambroise en attrapant l'écarteur, que j'y vois quelque chose !

Elle tremble un peu, jette un œil au visage de Samuel et se dit qu'elle ne peut pas flancher maintenant. Elle ne sait pas pourquoi elle est si attachée à lui, pourquoi le sauver est devenu la chose la plus importante qui soit, mais elle ne pense plus qu'à ça.

L'opération se poursuit, le chirurgien localise l'appendice. Cela la rassure de le voir aussi sûr de lui. Elle se rappelle qu'il a travaillé sur les champs de bataille, il a dû en voir d'autres. Adèle n'ose pas trop regarder, mais elle est curieuse et elle veut vérifier qu'il suit ses instructions, alors elle se force et voit l'appendice, un ridicule ver de terre tout rouge, au bout de l'intestin.

— Décollez-le doucement, souffle-t-elle, se repassant mentalement la vidéo de YouTube, voilà l'artère. Il faut la ligaturer d'abord. Oui, c'est ça, et ensuite sortez l'appendice.

— Ça saigne beaucoup, donne-moi ce linge pour éponger, je n'y vois rien.

— Il n'est pas propre ! C'est plein de microbes, ça !

— Mais si, il est propre, je lave mon linge, qu'est-ce que tu crois ! Allez, donne !

Adèle hésite, elle sait que le mot « propreté » au XVIe siècle n'a pas le même sens qu'aujourd'hui. Mais le chirurgien grogne encore, il n'y voit rien, et elle lui tend le linge. L'appendice et une partie de l'intestin sont sortis du corps de Samuel, Adèle a un haut-le-cœur, mais elle se ressaisit. *C'est pas le moment de flancher*. Ambroise fait un nœud comme elle le lui a indiqué puis coupe l'appendice qu'il jette par terre, provoquant une nouvelle grimace de dégoût chez la jeune fille.

— Tu es bien délicate pour une fille de médecin ! rit-il en relevant le nez. Allez, donne-moi le fil et l'aiguille.

Adèle s'aperçoit que ses mains à elle sont loin d'être stériles. Quelle idiote ! Elle ne s'est même pas lavé les mains ! Elle pense avec horreur à la gangrène et aux choses affreuses qu'a évoquées Coraline. Mais il ne faut pas traîner, le chirurgien a replacé le cæcum dans le ventre de Samuel, et il faut suturer rapidement. Elle attrape le fil en essayant de ne pas trop le salir.

— Tu veux recoudre ? demande Ambroise, un peu moqueur.

— Nooon… Je ne sais pas coudre !

— Tu es vraiment une fille étrange. Tu connais l'anatomie, mais tu ne sais pas tenir une aiguille ? Heureusement que la mienne n'est pas aussi mal éduquée. Je ne serais pas près de la marier !

Enfin, tout est fini, ils se lavent les mains et rhabillent le jeune homme qui ne se réveille pas. L'anesthésiant d'époque a l'air très costaud. Adèle espère qu'il va s'en sortir et s'installe à son chevet tandis que le chirurgien se prépare à repartir.

— Je dois retourner chez Coligny, sa blessure est d'importance. Je ne sais pas ce qui se trame là-dehors, mais vous ne devriez pas sortir. De toute façon, ton ami ne sera pas sur pied de sitôt. Ma femme, Jeanne, est en haut, tu peux lui demander de l'aide au besoin. Elle te donnera à manger aussi.

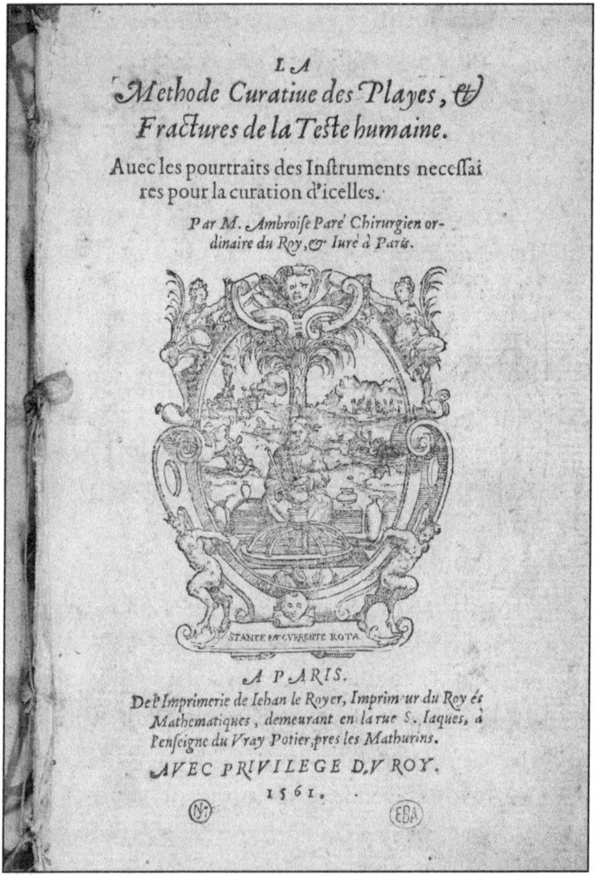
LA

Methode Curatiue des Playes, & Fractures de la Teste humaine.

Auec les pourtraits des Instruments necessaires pour la curation d'icelles.

Par M. Ambroise Paré Chirurgien ordinaire du Roy, & Iuré à Paris.

STANTE ET CVRRENTE ROTA

A PARIS.

De l'Imprimerie de Iehan le Royer, Imprimeur du Roy és Mathematiques, demeurant en la rue S. Iaques, à l'enseigne du Vray Potier, pres les Mathurins.

AVEC PRIVILEGE DV ROY.

1561.

Extrait d'un livre de médecine :
La méthode curative des plaies, d'Ambroise Paré

À ces mots, Adèle est prise d'un nouveau haut-le-cœur : elle vient d'apercevoir l'appendice qui traîne par terre.

— Non, non, merci, hoquette-t-elle.

Le chirurgien la regarde un instant :

— Tu es une drôle de donzelle…, mais tu es courageuse. Je ramènerai des nouvelles tantôt.

— Il ne se passera rien avant ce soir.

— Que dis-tu ? Que va-t-il se passer ?

— Je… Rien, vous ne risquez rien, le roi vous protège !

— Et que pourrais-je bien risquer ? Pourquoi s'en prendraient-ils à moi ?

— Vous êtes protestant !

— Pas du tout, je ne le suis pas plus que toi ! Tu te trompes. Et, de toute façon, cela ne change rien : Henri et Margot viennent d'être mariés pour la paix ; les guerres intestines sont finies grâce à la reine Catherine ! s'exclame le médecin, comme pour s'en convaincre. Mais voilà que je parle politique avec toi, maintenant ! Allez, j'ai du travail. Occupe-toi donc de ton soi-disant frère.

La porte se referme sur lui, laissant Adèle pensive. Pourquoi lui a-t-il dit qu'il n'était pas protestant ? Pour se protéger ? Ou parce qu'il est vraiment catholique ? Le site Internet a pu se tromper. La maison du chirurgien est peut-être un bon refuge finalement ! Elle ne sait même pas combien de jours durera le massacre. Puisqu'elle a du temps avant que Samuel ne se réveille, elle va essayer de mettre fin à son rêve. Elle pourra toujours se rendormir ensuite. Et ce serait bien pratique de pouvoir aller et venir ainsi entre les deux époques.

Elle se concentre pour revenir chez Coraline. Elle ferme les yeux, rien ne se passe. Elle se focalise sur le studio de sa tante, mais rien non plus. Elle prend peur : et si elle était coincée ici ? Mais non, elle s'est réveillée chaque fois. Et sa tante va la secouer demain matin, sûrement ! Enfin, elle l'espère très fort.

En attendant, anxieuse, elle mouille le front de Samuel. Elle caresse sa joue, suit l'arête de son nez du doigt. Elle se demande ce que dirait Juliette si elle la voyait en si bonne compagnie, avant de se rappeler que celle-ci n'est plus son amie. Une fois de plus, elle a envie de pleurer. *Mais combien de larmes peut donc contenir le corps ?* La réalité est vraiment de plus en plus nulle. Au moins, ici, on l'écoute, même un adulte comme Ambroise. Et, surtout, elle est utile à quelqu'un : elle sauve Samuel de la mort !

C'est au moment où elle s'y attend le moins que finalement la réalité la rattrape.

— Debout, marmotte ! Tu rentres à la maison !

C'est le cas de le dire.

24

Une autre réalité

Coraline se sert un grand bol de thé et propose du lait à sa nièce. Elle est allée lui chercher des croissants bien dorés, mais la jeune fille a l'estomac noué.

— Tu as peur de rentrer chez toi ? demande sa tante.

— Oui. J'aimerais que tu me laisses ici, un jour de plus.

— Il n'en est pas question !

— Mais… je pensais que je pouvais compter sur toi…

— J'ai été claire hier soir, non ? Tu rentres chez toi ce matin. Je t'appellerai ce soir.

Dans la voiture, Adèle fait la tête. Elle n'a pratiquement pas dit un mot à sa tante, répondant par monosyllabes depuis le petit déjeuner. Elle lui en veut terriblement de sa « trahison » et appréhende le retour.

Ses parents l'attendent dans la cuisine. Ils offrent poliment un café à Coraline, mais elle ne s'attarde pas, l'abandonnant lâchement à la remontée de bretelles qui ne va pas manquer de suivre. Et, en effet, son père s'adresse à elle avec toute la froideur dont il est capable.

— Tu as fait une peine immense à ta mère.

Celle-ci ne dit rien, affichant une mine sur laquelle tout le malheur du monde semble concentré.

— Tu nous as fait très peur et tu as dérangé ta tante pour rien.

« Pour rien » ? Adèle est prête à s'insurger, mais elle se ravise, comprenant que cela ne ferait qu'aggraver son cas.

— Tu n'es plus un bébé, si tu ne comprends pas la chance que tu as de bénéficier d'un foyer et de nourriture sans avoir à lever le petit doigt…

Et voilà, elle aurait pu le parier. Elle s'apprête à protester mais…

— Tu iras en pension. Tu verras que ta vie ici était finalement bien agréable.

La voilà, leur solution ? L'envoyer loin d'eux ? Se débarrasser d'elle ? Adèle bouillonne, elle sent la colère l'envahir. Elle se retient de hurler, mais elle pense à Samuel. S'ils veulent se débarrasser d'elle, tant pis, ils ne comptent plus. Elle ne veut qu'une chose : repartir dans son rêve.

— En attendant, tu vas rester consignée pour la durée des vacances, tu n'as pas le droit de sortir, à part pour tes cours ; tu es privée d'ordinateur et tu auras des tâches ménagères à faire en plus. Nous attendons de toi que ton attitude à la maison comme au collège soit irréprochable. Tu vas t'excuser auprès de nous dès maintenant. Et tu écriras à Coraline pour lui demander pardon aussi.

Adèle est anesthésiée. Ne pas sortir, pour elle, ça ne change rien : elle n'a plus d'amis. Mais plus Internet ! Comment va-t-elle chercher des informations pour sauver Samuel ?

Elle s'excuse machinalement, complètement abasourdie, prend ses affaires et rejoint sa chambre. Ils n'ont pas traîné : le bureau est vide, l'ordinateur a déjà disparu Où est-ce qu'ils ont bien pu le mettre ? Ils ne l'ont pas jeté au moins ? Elle se jette sur son lit, assassine son oreiller de coups de poing avant de se ressaisir : elle a son livre ! Au moins, elle saura ce qui se passe après la nuit du 24 août ! Mais, pour l'instant, elle doit aller à ses fichus cours de soutien. Son père la dépose devant le bâtiment gris. Il garde ses distances avec elle, ne lui adressant pas la parole, restant figé dans son attitude de père sans cœur. À midi, c'est lui qui revient la chercher :

— Je te dépose juste, je n'ai pas le temps de manger avec toi. Tu as ton repas tout prêt dans le frigo. Tu feras le repassage, ta mère t'a laissé des instructions. De toute façon, elle va appeler pour vérifier que tu es à la maison.

Pour le déjeuner, Adèle se prépare un sandwich au fromage, sans un regard pour le gratin de courgettes de sa mère. Elle se dépêche d'expédier le repassage, manquant de brûler le chemisier en soie de sa mère et pliant les chemises de son père à la va-comme-j'te-pousse. Ça ne leur fera pas plaisir, mais, au point où elle en est, rien ne peut lui arriver de pire. Tout ce qu'elle veut, c'est se plonger dans son livre.

Elle s'installe sur son lit et reprend sa lecture. Avalant les pages comme jamais auparavant, elle apprend, atterrée, que le 25 août a été tout aussi terrible que le 24.

> « Les huguenots étaient plus que jamais poursuivis. À la nuit terrible avait succédé un jour de massacre plus hideux encore. Ce n'était plus le tocsin que les cloches sonnaient, c'étaient des Te Deum, et les accents de ce bronze joyeux retentissant au milieu du meurtre et des incendies, étaient peut-être plus tristes à la lumière du soleil que ne l'avait été pendant l'obscurité le glas de la nuit précédente. [...] Et tandis que la ville continuait à offrir dans chaque rue, dans chaque carrefour, sur chaque place une scène de désolation, le Louvre avait déjà servi de tombeau commun à tous les protestants qui s'y étaient trouvés enfermés au moment du signal. »

Au chapitre 15, elle constate que le calme est revenu, quatre jours après le début du massacre. Il leur faudra donc attendre au moins cinq jours avant d'imaginer pouvoir sortir de chez Ambroise Paré. Cela laissera à Samuel le temps de se remettre ; après, ils pourront partir pour La Rochelle.

Adèle poursuit sa lecture jusqu'au soir, bien calée dans ses oreillers. Elle ne lâcherait son livre pour rien au monde, l'emportant même aux toilettes.

Sa mère l'appelle pratiquement toutes les heures, et elle répond machinalement, tout en lisant. Elle se passionne pour l'histoire d'amour entre Margot et La Mole qui lui fait penser à Samuel. Ils sont un peu plus âgés qu'eux mais pas beaucoup plus. Elle est émerveillée par leur passion, si puissante malgré la haine des uns et des autres. On dirait *Roméo et Juliette*, la pièce qu'elle a étudiée l'an dernier. Elle aimerait bien faire quelques recherches supplémentaires sur 1572.

Le soir arrive sans que ses parents soient revenus, alors elle s'extirpe de son livre pour errer un peu dans la maison, se demandant où ils ont pu mettre son ordinateur. Eux ont des portables qu'ils emportent au travail. Après avoir tout fouillé, sans résultat, elle se love sur le canapé du salon, devant la télé. Ses parents sont vraiment fâchés. Elle aussi. Ils n'ont pas compris qu'elle se sentait si malheureuse. Elle a besoin de parler à quelqu'un, alors elle essaie d'appeler Anila sur son portable, mais elle tombe sur la messagerie. Elle en conclut qu'elle aussi lui fait la tête.

Adèle se sent seule et regarde l'urne de sa grand-mère d'un air triste. Elle a envie de retrouver Samuel. C'est presque machinalement qu'elle prend le dernier somnifère de la plaquette. Quand ses parents rentrent enfin, elle s'est endormie pour une autre réalité, plus vivante.

25

Gangrène

— Adèle ? Tu t'es endormie !

— Hein ? Samuel ? s'exclame la jeune fille, surprise.

— Samuel ? Non, c'est juste Agnès... Qui c'est ce Samuel ?

— Mon... mon ami ! Où est-il ? Quel jour sommes-nous ?

— Tu es décidément bizarre, tu m'as fait le même coup le mois dernier !

— Deux semaines ? La Saint-Barthélemy est passée ?

— Oui, Dieu merci ! Je crois que le plus difficile a été de supporter les odeurs ! Te rappelles-tu la visite au gibet de Montfaucon, pour voir le cadavre de Coligny ? Je n'avais jamais vu autant d'asticots ni de mouches. C'était immonde.

— Comment ? Mais ce n'est pas possible ! s'affole Adèle.

— Bien sûr que si ! Nous sommes le 12 septembre. Tu ne vas vraiment pas bien... Depuis ton escapade, on dirait que tu es complètement chamboulée. C'est Ambroise Paré qui t'a fait cet effet ?

— Il... Tu le connais ?

— Bien sûr, tout le monde connaît le médecin du roi ! Et moi d'autant mieux depuis qu'il t'a ramenée, le soir du 24. Nous étions fous d'inquiétude. Et il nous a dit que tu avais menti sur ton identité. Lanquetot ? Père médecin ? Ça sort d'où, ça ? Père était fou de rage ; heureusement, Mère l'a convaincu de ne pas te renvoyer au couvent.

— Mais... pourquoi Ambroise Paré m'a-t-il ramenée ? demande Adèle, toujours déboussolée.

— Quelle question ! Parce que ta famille est ici ! Parce qu'il savait que des choses se préparaient !

— Mais... et Samuel ? s'insurge la jeune fille.

— Samuel ! Samuel ! Tu n'as que ce nom à la bouche : le chirurgien a en effet parlé d'un jeune homme que tu lui avais amené pour sa médecine.

Mais il a aussi dit qu'il était mort… à cause de la gangrène.

—Non… non !!!

Adèle s'agite sur le canapé, le bruit de la porte d'entrée qui claque l'a réveillée. Elle cligne des yeux, abasourdie. Elle ne comprend pas bien ce qui s'est passé. Ses parents entrent dans le salon.

—Adèle ? interroge sa mère en allumant. Qu'est-ce que tu fais dans le noir ?

—Je… je vous attendais, improvise la jeune fille.

—Tu as dîné ? s'inquiète Catherine en se dirigeant vers la cuisine.

—Non.

—Mais je t'avais préparé un gratin de courgettes. Tu n'as pas vu ? Allez, viens, on va manger ensemble, rien de tel qu'un bon repas en famille, ajoute-t-elle comme pour effacer leur dispute.

Adèle n'a aucune envie de partager un moment avec eux, elle voudrait leur hurler sa colère, mais elle a affaire à un mur, ils font comme si de rien n'était. Ils parlent de leur journée respective, posent les questions rituelles à Adèle : « Qu'as-tu fait ? Tu as bien travaillé ? Tu as bien mangé à midi ? » Quand elle avoue qu'elle s'est fait un sandwich, son père fait les gros yeux et l'assassine d'une remarque.

— Tu ne t'étonneras pas si tu es obèse, plus tard.

Alors la jeune fille se renfrogne encore plus. Ses parents échangent des regards inquiets, mais elle ne les voit pas. Son père pense qu'il vaut mieux tenir bon, être ferme. Sa mère n'ose pas aller contre son avis. Ils répètent les mêmes erreurs qu'avec leurs fils aînés.

Se réfugiant dans ses rêves, Adèle cherche à comprendre pourquoi elle est arrivée au 12 septembre tout d'un coup et elle finit par faire le lien. Elle a lu toute la journée et elle a donc sauté quinze jours dans son rêve, allant directement au chapitre 21, le dernier qu'elle a lu. Entre-temps, la plaie de Samuel a dû s'infecter, et, le voyant mourant, Ambroise Paré a préféré la ramener au Louvre avant que les choses ne dégénèrent. Pour la seconde fois, elle a échoué à sauver Samuel. Il faut qu'elle y retourne, qu'elle relise le passage où elle était et qu'elle soigne son ami ! Elle en oublie d'en vouloir à ses parents :

— Papa ? Qu'est-ce qui peut se passer si on infecte le corps lors d'une opération ?

— Oh là là ! répond son père, soulagé qu'elle lui adresse la parole. Cela peut être très grave : le malade risque la gangrène gazeuse. Il y a plusieurs types de gangrène, mais celle-là est la pire qui soit.

— C'est rapide ?

— Ça peut l'emporter en vingt-quatre heures, quarante-huit heures au plus. C'est fulgurant.

— Mais on peut le soigner si on le prend à temps ? s'affole Adèle, lâchant ses couverts.

— Bon, ça suffit, intervient Catherine. C'est morbide tout ça, on est à table !

— Mais… Papa ? implore Adèle.

— Si l'on donne des antibiotiques assez vite, dans les deux heures qui suivent l'opération, répond son père, malgré les gros yeux que roule Catherine, on peut sans doute éviter le pire, mais c'est théorique, je ne sais pas si c'est vraiment possible : on n'étudie pas ces cas-là à la faculté de médecine. Ce genre de choses n'arrive plus aujourd'hui.

— Je ne veux plus entendre un mot sur l'appendicite pendant ce repas ! gronde la mère, mettant fin aux explications.

— Ta mère a raison, se ressaisit-il. Pourquoi toutes ces questions ? C'est ta lecture qui te travaille ?

— Oui…

— Je trouve ce texte un peu difficile pour des enfants de leur âge, non ? interroge Catherine.

— Oui, je préfère que tu arrêtes, Adèle ; nous écrirons à ton professeur s'il le faut, répond son père, fermement.

— Vous n'allez pas me mettre un mot pour dire que je suis trop petite pour lire ça, quand même ? s'écrie Adèle, soudain hors d'elle.

— Apparemment, c'est le cas, et nous ne serons pas les seuls parents à nous en alarmer ! se fâche son père, tout rouge.

— La honte ! Non ! Vous me pourrissez déjà la vie ici, vous n'allez pas bousiller ma réputation en plus !

— On te « pourrit la vie » ? s'étrangle sa mère. Ta « réputation » ?

— C'en est trop, Adèle ! Je t'ai prévenue ce matin, tu vas trop loin, s'emporte son père.

— Mais c'est vous qui ne comprenez rien ! hurle Adèle. J'ai passé la journée toute seule ici, je ne peux rien faire, personne ne s'occupe de moi !

— Tu es au chaud, le frigo est plein, tu as des jeux, des livres, une chambre à toi. Que veux-tu de plus ? répond sa mère, criant elle aussi.

— Que vous vous occupiez de moi !

— Nous travaillons pour te payer tout ça ! Ton ingratitude n'a pas de limites ! Va dans ta chambre ! Je ne veux plus jamais t'entendre nous parler sur ce ton ! vocifère son père.

— Vous auriez mieux fait de vous acheter une poupée ! Elles ne disent rien, ne salissent rien et sourient tout le temps !

— Adèle, ça suffit ! Va dans ta chambre !

— Vous me dégoûtez !

La gifle part, évidemment ; c'est son père cette fois, et Adèle sent tout de suite la différence, elle est estomaquée par le coup. Les larmes aux yeux, humiliée, elle va s'enfermer dans sa chambre. Elle est déterminée, elle ne veut pas se laisser faire. Attendant que ses parents se couchent, elle monte son plan. Elle va voler – emprunter plutôt – les clés du cabinet médical de son père pour y trouver tous les renseignements possibles dans le dictionnaire médical ainsi que les antibiotiques nécessaires afin de retourner sauver Samuel, pour de bon cette fois.

Une fois le silence installé, elle se glisse hors de sa chambre le plus discrètement possible, farfouille dans la poche de manteau de son père et en sort les clés. Elle enfile son manteau sur son pyjama, met ses chaussures et sort en prenant soin de ne pas laisser claquer la porte. Le froid lui pique les joues, elle regrette de ne pas avoir pris un pull. Elle n'a pas d'autre choix que de marcher dans la nuit et elle a soudain un peu peur.

Le cabinet n'est pas très loin, à dix minutes à pied, près de son collège. Mais dans ce noir, brrr ! Elle croise un chat et un vieux monsieur qui la regarde pensivement. Il n'a pas l'air méchant, mais elle change tout de même de trottoir, et lui s'interroge sur ce qui peut bien pousser une si jeune fille à se promener la nuit. Il garde un œil sur elle jusqu'à ce qu'elle tourne à l'angle, pensant à sa propre petite-fille, et rentre chez lui, songeur. Il y a vraiment des parents inconscients des dangers d'aujourd'hui…

Elle arrive à bon port sans encombre, déverrouille la porte d'entrée et avance jusqu'à la salle d'attente. C'est bizarre de voir tout cela de nuit, vide et silencieux. Elle est venue si souvent ici, petite. Elle était si fière d'être la patiente préférée du docteur, elle jouait avec son stéthoscope et mangeait les bonbons des enfants sages. La secrétaire les glissait dans ses poches quand elle repartait. Sa mère ne travaillait pas à cette époque, sa grand-mère n'habitait pas encore avec eux, et Adèle était une petite fille gaie et confiante.

Elle n'ose pas allumer, de peur d'alerter un vigile ou un gardien, s'il y en a. Avec sa lampe de poche, elle explore les lieux, retrouve ses marques et lit dans le dictionnaire médical l'article qu'elle cherchait :

> La **gangrène gazeuse foudroyante** appelée également « gazogène » est due à une infection par une bactérie de type *Clostridium perfringens* ou *Clostridium septicum* (entre autres), entraînant la destruction (mortification) rapidement dévorante des tissus et la production d'une grande quantité de gaz ayant un effet délétère sur l'organisme. Elle évolue généralement de façon péjorative pour le patient.

Folle d'inquiétude, Adèle cherche comment soigner une telle horreur, mais elle se rend vite compte que les antibiotiques auraient dû être administrés avant l'opération. Elle est effondrée, quand elle se tape soudain le front de la main.

Idiote ! Il suffit de revenir avant l'opération !

Contente de son idée, elle se met à la recherche des médicaments souhaités. Tout est fermé à double tour, mais elle a vite fait de trouver la bonne clé dans le trousseau de son père. Elle prend les antibiotiques indiqués dans le dictionnaire médical et en profite pour attraper une boîte de somnifères. Ce ne sont pas les mêmes que la dernière fois, mais elle suppose que ce n'est pas bien grave. Elle prend aussi une autre paire de gants, pour elle, et des compresses stériles : si elle réduit les risques d'infection, en plus des antibiotiques, ça ne peut pas faire de mal. Elle est prête. Elle prend la boîte de somnifères.

Elle en avale un. Puis elle considère la plaquette et, soudain, elle décide d'avaler tous les autres. Elle est hors de tout contrôle.

Elle veut rêver. Elle ne veut plus se réveiller. Elle prend son livre, lit quelques lignes, s'endort très vite. Trop vite. Ces somnifères sont bien trop puissants pour une fille de son âge. Elle en a trop pris.

Elle sombre dans le coma.

26

Elle a besoin qu'on lui parle

Son corps a l'air si petit. Si fragile.
Elle est étendue là, pâle et immobile.

Adèle est dans le coma, un coma profond, dont personne ne sait si elle sortira. Ses parents sont auprès d'elle, sa mère la veille tandis que son père consulte ses confrères.

— … tentative de suicide… les suites sont imprévisibles… elle a besoin qu'on lui parle… il faut qu'elle souhaite se réveiller… il est essentiel qu'elle ait envie de sortir du coma… »

⚜
⚜ ⚜

Adèle est avec Samuel, l'opération s'est bien passée, elle le veille tandis qu'Ambroise Paré est reparti auprès de Coligny qui, lui, est très mal en point. La femme du chirurgien est venue vérifier que la jeune fille allait bien. Elle lui tend une écuelle de ragoût odorant qu'Adèle mange sans y prêter attention, concentrée sur le souffle régulier de Samuel, sur ses yeux qu'elle veut voir briller. La vieille épouse d'Ambroise la regarde pensivement, elle s'interroge sur cette drôle de jeune fille dont son mari lui a dit des merveilles et qui semble si différente des demoiselles de l'époque. Elle se dit que cela est bien étrange, tandis que, dehors, une folie se prépare. Les hommes se rassemblent dans la cour de l'hôtel particulier de la famille de De Guise. Des armes sont distribuées, une heure est décidée, le massacre s'organise.

⚜

⚜ ⚜

Dans la chambre d'hôpital, les amis défilent. Après les deux premiers jours d'angoisse, les parents d'Adèle ont décidé de laisser les proches venir, pour essayer de réveiller leur fille. Ils ont prévenu Anila, Juliette, Maëva et Guillaume qu'elle les entendait sûrement, qu'ils devaient l'aider à choisir la vie plutôt que la mort. Ils ont bien compris, surtout

Guillaume qui n'a pas envie de vivre un deuxième deuil, si jeune.

Première à oser franchir la porte de la chambre impersonnelle où repose le corps endormi d'Adèle, Anila apporte de la lecture. La jeune fille ne sait pas quoi dire, alors elle lui lit des textes drôles pour l'amuser, des histoires d'amour et d'aventure aussi, mais pas trop tristes... Elle revient tous les soirs après les cours, déposée par son père qui l'attend dans la voiture, tout aussi patient qu'elle.

— Samuel, tu m'entends ? Nous t'avons opéré, tu vas guérir vite maintenant. Tiens, prends un peu d'eau, avale ça aussi, n'aie pas peur, tu peux me faire confiance. Je suis là pour toi.

Et elle lui raconte tout. Il ne l'entend sans doute pas, mais elle lui dit tout ce qu'elle a traversé, elle lui parle de son époque, du livre. Elle avoue qu'elle est tombée amoureuse et elle dépose sur ses lèvres un baiser léger comme une plume, qui fait tressaillir le jeune homme. Elle ne s'en aperçoit pas.

⚜
⚜ ⚜

Le troisième soir, Maëva vient la voir aussi, mais elle ne sait pas quoi lui raconter, elle se dandine devant le lit d'hôpital, mal à l'aise. Elle partirait bien loin de là, quand Anila lui suggère de raconter les potins du collège, car Adèle serait dégoûtée d'avoir tout raté ! Alors la pipelette se met à tout détailler, elle est ravie. Et Antoine, et la pouffe de quatrième Bleue…

— … et le grand, tu sais, le blond qui est en seconde, il s'appelle Benjamin en fait. Eh bien, il est venu demander de tes nouvelles, de toi, oui ! Et les profs aussi, ils s'inquiètent. M. Gérard a dit qu'il viendrait te voir, t'imagines ? Un prof dans ta chambre ! Je vais te refaire une beauté, lui dit-elle en se saisissant de la trousse de maquillage qui ne la quitte jamais. Tu as l'air d'un cadavre, ajoute-t-elle avant de se mordre la lèvre sous le regard offusqué d'Anila. Euh… tu es juste un peu pâle…

Anila la pousse dehors et reprend la lecture du premier tome des *Éveilleurs*, un de ses livres préférés. Elle trouve le titre adapté.

Dans son rêve, Adèle lit, elle aussi. Le chirurgien lui a prêté des ouvrages de sa bibliothèque personnelle. Il lui a conseillé en particulier deux ouvrages d'un certain Alcofribas Nasier… *Pantagruel* et *Gargantua*. Il dit que ce n'est pas bien sérieux, mais que cela fera peut-être rire Samuel. Elle s'est vite passionnée pour ces romans qu'elle n'a aucun mal à déchiffrer, comme si la langue lui était devenue familière. Assise inconfortablement sur un tabouret de bois, elle lit cependant des heures durant, à haute voix, pour son ami. Elle met le ton, joue les personnages, se laissant embarquer dans les aventures de ces géants rigolos. La poitrine de son ami se soulève régulièrement, la fièvre est tombée ; il semble tranquille, retrouvant ses couleurs. Elle se sent paisible et rassurée : elle a réussi à le sauver.

Au petit matin, dans son éternel caban, Coraline passe la porte de la chambre d'hôpital. Elle culpabilise de ne pas avoir vu l'étendue du malaise de sa nièce. Elle aurait pu l'aider, la faire parler plus. Elle n'y connaît rien en éducation, son adolescence est trop loin.

— Ma chère Adèle, je suis désolée de ne pas avoir su t'aider. Je ne suis qu'une vieille fille sans cœur, je ne comprends plus ce que c'est que d'avoir ton âge. J'aurais dû t'écouter avec plus d'attention, je m'en veux terriblement. J'espère que tu sauras me pardonner et que nous pourrons nous rapprocher quand tu te réveilleras… Je pense que je pourrais te laisser un peu plus de place dans ma vie, tu ne crois pas ? Peut-être même t'amener sur un tournage un de ces jours ? Mais, pour ça, il faut d'abord que tu te réveilles, d'accord ?

⚜
⚜ ⚜

Le chirurgien rentre tard de sa visite chez l'amiral de Coligny, il a dû l'amputer, mais la plaie est propre. Il se doute que quelque chose se trame, la ville est très agitée. C'est le soir du 24 août. Il veut ramener Adèle au Louvre au plus vite, il suppose qu'elle y a une famille. La jeune fille refuse de donner son vrai nom, mais Ambroise connaît bien la cour, il retrouvera ses parents. Elle ne peut pas refuser : elle serait obligée d'avouer la vérité, et personne ne la croira, ils la prendront pour une folle ou pour une sorcière. Ils la feront brûler ou ils l'emprisonneront ! Elle demande si elle pourra revenir le lendemain, même si elle suppose que cela risque d'être très compliqué. Le chirurgien accepte.

⚜
⚜ ⚜

— Adèle, c'est Juliette. Excuse-moi. De ne pas être venue plus tôt et surtout de… m'être fâchée contre toi. Je suis tellement désolée, tout est ma faute, j'ai été trop conne. Je… je ne voulais pas te le dire, mais on s'est disputés l'année dernière, avec Guillaume. À cause de toi. Il est amoureux de toi, il m'en a parlé, me demandant de garder le secret, mais… j'étais un peu… euh… amoureuse de lui aussi et… bêtement je lui ai dit que je te répéterais tout, par dépit. On s'est fâchés. J'étais juste jalouse, je ne pensais pas ce que je lui ai dit… C'était juste avant la mort de sa mère. Il y a eu l'enterrement, je n'ai même pas pu y aller, j'avais trop peur de le regarder en face.

» Toi, tu l'as soutenu quand il avait besoin de toi, et moi, je n'ai même pas eu le courage de le faire. Tu n'y es pour rien, je suis tellement désolée, je ne referai pas la même erreur. Je voudrais que tu te réveilles, tu es ma meilleure amie ! J'ai essayé de trouver la même complicité avec Maëva, mais ce n'est pas pareil. Adèle, s'il te plaît…

⚜
⚜ ⚜

Au moment de partir, Adèle serre la main de son ami. Il est bien réveillé à présent, il n'a plus de fièvre et, quoique très faible, il est heureux de la voir à son chevet. Elle n'ose pas le serrer contre elle, malgré l'envie qu'elle en a, et c'est lui qui l'attire et lui donne un petit baiser sur les lèvres, tout chaud.

— Je suis à l'abri, rentre vite, avant la nuit ! On se voit demain, d'accord ?

⚜
⚜ ⚜

Lorsque M. Gérard passe la porte, il a l'air un peu perdu. L'assurance qu'il a devant la classe, au collège, a disparu quand il est entré dans l'hôpital. Il est un homme comme les autres et il ne se sent pas vraiment à sa place, car il connaît mal Adèle. Cependant, il se sent un peu responsable aussi, même si sa femme et ses collègues le rassurent. Les parents de la petite lui ont expliqué qu'elle avait développé une vraie obsession pour le roman de Dumas. Il ne comprend pas comment elle en est arrivée là, mais il veut aider. La conseillère d'orientation lui a suggéré d'aller la voir, et le voilà.

Anila est assise à côté du lit, elle sourit au professeur, et il prend une chaise pour s'installer à côté d'elle. Il hésite à parler et finit par saisir un livre lui aussi, pour prendre le relais et lire quelques chapitres à son élève endormie. Si un livre l'a plongée dans le désespoir, il y en a tant d'autres qui peuvent lui redonner le goût de vivre !

⚜
⚜ ⚜

— Adèle, nous devons rentrer au Louvre maintenant, la presse Ambroise, de plus en plus nerveux. Le roi m'y a fait appeler, il y a de mauvaises choses qui se préparent, je dois te mettre à l'abri. Ne t'inquiète pas, nous allons changer Samuel, lui mettre d'autres vêtements, le cacher à l'étage, ma femme dira que c'est notre neveu. Dépêche-toi !

— Adèle ? C'est Guillaume, j'ai hésité à venir, je me disais que tu ne voudrais peut-être pas m'entendre... Je suis tellement désolé de m'être fâché contre toi, ce n'était pas ta faute. Juliette m'a énervé. J'étais triste aussi que tu ne comprennes pas que toi seule compte pour moi. Je n'en ai rien à faire de Juliette, d'Anila ou de qui que ce soit d'autre, je... je suis amoureux de toi. Je suis tellement malheureux de te voir comme ça, j'ai besoin de toi. Tu es là depuis que je suis tout petit, et le vide laissé par maman est déjà si grand, je ne veux pas perdre ma meilleure amie, même si tu n'éprouves pas les mêmes choses que moi. Je sais ce que tu ressens depuis le départ de ta grand-mère, nous avons tous les deux perdu quelqu'un d'important, je peux t'aider autant que tu peux m'aider. Reviens avec moi, s'il te plaît...

— Samuel, je suis obligée de te laisser, je reviendrai te voir très vite, reste en vie, je t'en prie !

27

Le calme est revenu

Le temps passe, cela fait déjà une semaine qu'Adèle dort d'un sommeil dont les médecins ne savent toujours pas s'il s'achèvera. Elle rêve toujours, elle reste dans cette entre-réalités, où l'on n'est ni tout à fait vivant ni tout à fait mort. Si elle voulait, elle pourrait revenir, son cœur bat, sous ses paupières pâles, ses yeux brillent de quelques larmes…

Au Louvre, le calme est revenu depuis plusieurs jours, le sang a été lavé dans la cour, et tout le monde fait semblant d'avoir oublié le massacre ; Ambroise et Adèle marchent dans la galerie où elle a trouvé Samuel en train de regarder les étoiles, quelques jours plus tôt.

— Samuel se remet bien, la cicatrice est belle, il se nourrit de nouveau presque normalement. Tu l'as sauvé. Et tu m'as montré comment en sauver bien d'autres, merci beaucoup pour ton aide. Je ne sais pas où tu as appris tout ça ; en tout cas, je te prendrais bien comme assistante si tu n'étais pas une fille. Mais je dois te dire que ton ami va quitter Paris, la capitale n'est pas assez sûre pour lui, il doit retourner à La Rochelle, chez lui. Viens le voir quand tu veux.

⚜
⚜ ⚜

— Ma fille, ma princesse, c'est papa. Je m'en veux, nous n'avons pas su te parler, te comprendre. Je ne pensais pas que tu étais si malheureuse, je n'aurais jamais dit tout ça sinon, je suis désolé… Je me rends bien compte que je ne suis pas assez présent pour toi, je suis si maladroit. Je ne sais pas comment te parler sans te brusquer ; car tu es toujours une petite fille à mes yeux alors que tu grandis et que tu as de nouveaux centres d'intérêt. Je n'ai pas envie que tu grandisses sans moi et que je m'aperçoive, trop tard, que tu es une adulte. J'ai fait cette erreur avec tes frères, je vais essayer de ne pas la faire avec toi. Nous avons besoin de toi… J'ai besoin de toi, réveille-toi, ma puce!

⚜
⚜ ⚜

— Adèle, tu m'as sauvé, je ne sais pas comment te remercier. Ce que tu as fait pour moi, alors que je n'étais rien pour toi… Pire : un huguenot. Je… je ne sais pas comment te dire combien c'est important à mes yeux. J'ai compris que tu n'étais pas vraiment d'ici, je t'ai entendue dans mon sommeil. Je ne comprends pas bien, mais je vois, je sens que tu n'es pas d'ici, que tu n'es pas réellement comme nous. Comme un fantôme. Je ne peux pas expliquer ce sentiment, comme si tu étais venue de très loin pour me sauver. Non, je n'ai pas peur de toi, bien sûr que non. Je… je suis amoureux de toi, aussi. Jamais je n'avais ressenti ça. Et puis, sans toi, je ne sais pas ce que je serais devenu : massacré sur la route du retour par les catholiques ou mort du misereré dans un fossé, loin de ma maison et de ma famille. Tu es comme un ange…

— Adèle ? Tu m'entends ? Je pense que tu m'entends, ma chérie. Je suis là, c'est maman. Je suis si triste que tu aies fait ça, je ne comprends pas bien comment on en est arrivés là. Ma chérie… il faut que tu te réveilles, cela fait trop longtemps que tu dors, je t'en prie… Je t'aime très fort, je suis fière d'avoir une belle fille comme toi. Je suis dure avec toi, je ne te dis pas assez de choses gentilles, je ne suis pas douée pour montrer mes sentiments. Mais je suis fière de toi. J'ai peur que tu ne réussisses pas ta vie, que tu arrêtes tes études comme moi, trop tôt. Au lieu de t'encourager, je te fais des reproches. Mais je passerai plus de temps avec toi… Je… je suis prête à parler de mamie si c'est ce qui te rend si triste. Je me rends bien compte que j'ai préféré mettre tout cela de côté, sans penser à toi. C'est tellement difficile pour moi d'avoir perdu ma maman, je ne veux pas perdre ma fille. Réveille-toi, mon ange, réveille-toi, je t'en supplie…

— Adèle, je dois repartir, je n'ai aucune nouvelle de mon père, je ne sais même pas ce qu'il est devenu. Il y a la guerre, et La Rochelle, ma cité, est menacée. Ma mère, mes frères et sœurs sont là-bas tout seuls, je dois rentrer pour les protéger. J'ai des devoirs… Je… j'aimerais rester avec toi, j'aimerais t'emmener avec moi. Mais tu as une famille, toi aussi. Ils t'aiment, ils ont aussi besoin de toi. Nous ne sommes pas du même monde… Et, même si tu abandonnais ton monde du futur, tu es catholique et je suis protestant, nous ne pourrons jamais nous marier. J'aimerais que ce soit différent, mais… Ne pleure pas… s'il te plaît… Ne pleure pas… Je ne t'oublierai jamais… Prends ma médaille, elle te portera chance…

⚜
⚜ ⚜

Adèle, c'est moi. C'est mamie. Je sais bien que tu n'as pas voulu mourir. Je ne suis pas sûre que tu m'entendes, mais tout le monde te parle comme si c'était le cas, alors… moi aussi. Je suis encore là, toujours avec toi, je ne t'ai pas vraiment quittée. Et je me rends compte que c'est une erreur. Ta mère et toi avez besoin de vous retrouver, je suis comme un écran de fumée entre vous. Mon rôle est fini, je dois partir maintenant. Et tu vas m'aider : tu vas prendre l'urne et la porter dans le marais. Tu feras ça avec ta maman, toutes les deux ensemble. Coraline a compris depuis longtemps, elle n'a pas besoin de cette cérémonie. Mais toutes les trois, nous en avons besoin. Vous allez disperser mes cendres, comme c'était prévu, et tu pourras grandir ensuite sans moi. Guillaume t'aidera, Juliette aussi. Tes parents resteront peut-être embêtants, mais ils t'aiment. Vous allez vous réorganiser sans moi. Cela n'effacera pas tout ce que nous avons vécu, comme ce que tu as vécu avec Samuel restera présent pour toi. Mais sans t'empêcher de vivre ta vie. Vivre dans le passé, choisir le rêve ne sont pas la bonne voie, tu dois te réveiller maintenant. Maintenant.

— … Maman ? Je… je suis réveillée…

Dans la main d'Adèle, une petite médaille brille.

Remerciements

En mémoire de Xavier Décousus qui m'a fait écrire ce livre.

À mes trois amours.

Aux professeurs de français :
À ma mère en premier lieu.
À mes professeurs, Mme Fontaine qui m'a appris à tenir un stylo, Mme Dumora-Roy qui m'a enseigné l'orthographe, Mme Bougault qui m'a mis *Niourk* entre les mains, Mme Salles, Mme Moreau-Bucherie et M. Montebello, qui m'ont donné le goût de la littérature, M. Mellier qui m'a permis de comprendre le fantastique et le policier, M. Dürrenmatt qui est un dieu vivant de la stylistique, Mme Dupont qui m'a appris les subtilités de la langue latine, Mme Chénieux-Gendron qui a forgé mon goût pour la recherche.
À mes collègues, Mmes Loquet, Papulino, Moisan et Hors, M. Piederrière, Mmes Boisse, Rullier, Rivière et Grégoire, et aux chefs d'établissement compatissants, qui m'ont fait des emplois du temps propices à l'écriture, Mme Bourdais

et M. Guillemin (je compte sur toi pour l'an prochain, hein ?).

À mes amis, premiers lecteurs et correcteurs : Paul Beorn, Véronique C., Nadia Coste, Maëlig Duval, Soazig Jimenez, Agnès Marot, Aurore Perrault, Lise Syven, Cindy van Wilder.

Enfin, et surtout, à mon attachée de presse Marie Lechevalier qui a tant fait pour le succès de 14-14, et à mon éditrice Barbara Bessat-Lelarge qui m'a soutenue avec joie et tendresse.

Crédits photographiques

p. 55 Marguerite de France reine de Navarre, fille de Henri II, femme d'Henri IV (1553-1615) vers 1559 Collection Catherine de Médicis, MN42;B366, Clouet François (vers 1515-1572). Localisation : Chantilly, musée Condé. Photo © RMN-Grand Palais (Château de Versailles) / Franck Raux.

p. 93 Bal donné au Louvre Bal donné au Louvre en présence d'Henri III et de Catherine de Médicis pour le mariage d'Anne, duc de Joyeuse et de Marguerite de Lorraine-Vaudémont (sœur de la reine Louise), le 24 septembre 1581, MV5636, Anonyme. Localisation : Versailles, châteaux de Versailles et de Trianon. Photo (C) RMN-Grand Palais (domaine de Chantilly) / René-Gabriel Ojéda.

p.159 Massacre de la Saint-Barthélemy, Anonyme. Localisation : Paris, Société de l'Histoire du Protestantisme Français (SHPF). Photo © RMN-Grand Palais / Agence Bulloz.

p. 194 Ambroise Paré, L49LR289, Delaune Etienne (vers 1518-1583/1595). Localisation : Paris, musée du Louvre, collection Rothschild. Photo © RMN-Grand Palais (musée du Louvre) / Martine Beck-Coppola.

p. 233 La méthode curative des plaies, auteur : Ambroise Paré, imprimeur : Jean Le Royer, Masson451. Localisation : Paris, école nationale supérieure des Beaux-Arts (ENSBA). Photo © Beaux-Arts de Paris, Dist. RMN-Grand Palais / image Beaux-arts de Paris.

Achevé d'imprimer en janvier 2018
Par CPI France
N° d'impression : 3026085
Dépôt légal : février 2018
Imprimé en France
36231358-1